ベターホーム

免疫力を高める 野菜おかず139

食べて元気、体に効く！ 139品

編集／ベターホーム協会

料理研究／ベターホーム協会（加藤美子 浜村ゆみ子 森田三紀）

免疫知識の監修／名古屋大学教授 **大澤俊彦**（大学院生命農学研究科）

撮影／中里一暁
デザイン／ドモン・マインズ

ベターホーム協会

目次

4 免疫力を高めるために

- 4 免疫力を高める4か条
- 5 野菜を食べて免疫力を高めましょう
- 6 野菜には免疫パワーがたっぷり
- 7 がん予防を期待できる"デザイナーフーズ"

8 がん予防で注目の食品

- 10 キャベツ……●キャベツととり肉の煮こみ ●キャベツのさっと煮 ●キャベツのグリルアンチョビソース
- 12 はくさい……●はくさいと豚肉の重ね蒸し煮 ●はくさいとささみの中華あえ ●はくさいの即席水キムチ
- 14 ブロッコリー……●ブロッコリーとかきのオイスターいため ●ブロッコリーとチーズのおかかあえ ●ブロッコリーの赤ワイン煮
- 16 カリフラワー……●カリフラワーとえびのマヨネーズあえ ●カリフラワーとピータンの香味サラダ ●カリフラワーとあさりのカレー味スープ
- 18 だいこん……●だいこんとカルビ肉のピリ辛煮 ●パリパリだいこんのキムチサラダ ●切り干しだいこんの煮なます
- 20 かぶ……●かぶとさけのクリーム煮 ●かぶとキウイのサラダ ●かぶの中華甘酢漬け
- 22 たまねぎ……●たまねぎとひき肉のはるさめいため ●たまねぎと豚肉のケチャップマリネ ●小たまねぎとかぶのカレーピクルス
- 24 ねぎ……●とり手羽とねぎの南蛮漬け ●ねぎの辛味サラダ ●ねぎのスープ煮
- 26 にんにく……●にんにくたっぷりいため ●にんにくみその田楽 ●にんにくスープ
- 28 にら……●にらのフォー ●にら納豆 ●生にらサラダ
- 30 きのこ……●きのことり肉のクリームパスタ ●焼ききのこの梅風味あえ ●きのことうなぎの卵とじ ●きのこ鍋 ●きのこのホットサラダ ●干ししいたけとほたてのうま煮
- 34 大豆・大豆製品……●大豆とひき肉のドライカレー ●大豆のおろしのせ ●中国風ひたし豆 ●とうふの豆乳グラタン ●めかぶのせ冷奴 ●電子レンジいりどうふ ●豆乳鍋 ●厚揚げの辛味ソース ●納豆入りいなり袋

40 体のサビを防ぐカラフル野菜

- 42 こまつな……●こまつなとかじきのXO醤いため ●こまつなと高野どうふのやわらか煮 ●こまつなのじゃこいため
- 44 ほうれんそう……●ほうれんそうオムレツ ●ほうれんそうのからしマヨネーズあえ ●ほうれんそうサラダ
- 46 グリーンアスパラガス……●アスパラガスの肉巻きグリル ●アスパラガスのサラダ ●アスパラガスのかんたん白あえ
- 48 せり……●せりといかの中華いため ●せりのナムル ●せりと油揚げのごま酢あえ
- 50 セロリ……●セロリとえびのエスニックスープ ●セロリとグレープフルーツのサラダ ●セロリのからしあえ
- 52 にんじん……●にんじんととり肉の野菜ジュース煮 ●にんじんのごまみそいため ●にんじんとりんごのサラダ
- 54 なす……●なすとヒレ肉のオーブン焼き ●なすとえびのタイ風サラダ ●なすのフライパン焼きカリカリじゃこのせ
- 56 トマト……●いわしと大豆のトマト煮 ●ミニトマトのしょうゆいため ●トマトと焼きなすのピリ辛サラダ
- 58 かぼちゃ……●かぼちゃととり肉のハーブガーリック焼き ●かぼちゃのおひたし ●かぼちゃのミルク煮サラダ
- 60 ピーマン……●ピーマンの肉詰め焼き ●ピーマンとたけのこのカレーいため ●ピーマンのみそピーきんぴら
- 62 ゴーヤ……●ゴーヤと豚肉のみそいため ●ゴーヤとしらすの酢のもの ●ゴーヤチャーハン
- 64 アボカド……●アボカドとえびのかき揚げ ●アボカドとほたての刺し身サラダ ●アボカドのスープ

66 腸をきれいにして免疫力を高める

- 68 じゃがいも …… ●じゃがいもととり肉のスープ煮 ●シャキシャキじゃがいものたらこソース ●ピザ風ハッシュドポテト
- 70 やまのいも …… ●長いもとチョリソーのいためもの ●やまといものかにあんかけ ●長いものそば風小鉢
- 72 さといも …… ●さといもといかのごまみそ煮 ●さといものチーズココット ●さといものサラダ
- 74 さつまいも …… ●さつまいも入り甘酢あん ●さつまいものジュース煮 ●さつまいものサラダ
- 76 ごぼう …… ●ごぼう天 ●ごぼうのスープ ●たたきごぼうのきんぴら
- 78 れんこん …… ●れんこんと豚肉のピリ辛いため煮 ●れんこんと豆のサラダ ●れんこんのつくね椀
- 80 雑穀・発芽玄米 …… ●発芽玄米のだいこんめし ●雑穀のリゾット ●雑穀の中華ごはん
- 82 海藻 …… ●切りこんぶと豚肉のいため煮 ●ひじきとじゃこのあえもの ●わかめとたこのピリ辛いため
- 84 ヨーグルト …… ●トッピングいろいろ ●ジュース割りヨーグルトドリンク ●バナナヨーグルトシェイク ●セパレートヨーグルト ●フローズンヨーグルト ●ヨーグルトマヨネーズのサラダソース ●ヨーグルトクリームのグラタンソース ●ヨーグルトのぬか漬け風 ●コク出しヨーグルト

86 手軽に免疫力アップ いつものおかずにプラスα
●にらマーボー ●えびチリonチンゲンサイ ●カレーの野菜トッピング ●ハンバーグwithたっぷり野菜 ●煮魚前盛りたっぷり ●刺し身ののっけ盛り ●野菜に巣ごもる目玉焼き ●具だくさんラーメン

88 手軽に免疫力アップ 野菜の汁もの
●トマトスープ ●エスニックスープ ●和風スープ ●中華スープ ●コンソメスープ ●ミルクポタージュ ●みそ汁にトッピング

90 手軽に免疫力アップ たれ＆ソース
●辛味だれ ●パセリソース ●ごまだれ ●サルサソース ●にんにくじょうゆ ●バーベキューソース ●みそだれ ●たまねぎドレッシング

92 手軽に免疫力アップ ドリンク
●豆乳黒ごまココア ●豆乳抹茶 ●自家製青汁 ●だいこん汁＋フルーツジュース ●ジンジャーエールの素 ●ミントシロップ ●ホットサングリア ●黒糖甘酒ミルク

この本のきまりごと

- ●計量の単位／大さじ1＝15㎖　小さじ1＝5㎖
　カップ1＝200㎖　米用カップ1＝180㎖　（㎖＝cc）

- ●「だし」は、かつおぶしでとっただしを使っています。
　「スープの素」はビーフ、チキンなどお好みでお使いください。
　「中華スープの素」はチキンスープの素で代用できます。

- ●電子レンジの加熱時間は500Wのめやすです。
　600Wなら0.8倍の加熱時間にしてください。

免疫力を高める4か条

① よい食事 ② 適度な運動 ③ 充分な休息・睡眠 ④ 笑う・楽しむ

　私たちのまわりにはウイルスや細菌がいますし、体の中にも活性酸素などさまざまの有害物質があります。これらに抵抗する力＝免疫力を、私たちの体は備えています。免疫力は体調や老化などで上がり下がりするもので、免疫力が高ければ病気にかかりにくく、かかっても軽くすみます。上の4か条を満たす生活をしていれば、免疫力は自然と高まって病気を防げます。

免疫力UP

免疫力を下げる要素　栄養障害・過激なダイエット・生活リズムの乱れ・病気・過労・ストレス・運動の不足またはしすぎ・老化・タバコ・薬の飲みすぎ・極端な清潔志向（殺菌剤や抗菌グッズの使いすぎ）・紫外線・大気汚染

免疫力DOWN

免疫のしくみ

体の皮膚や粘膜はウイルスや病原菌が入らないようにする第一の免疫バリア。皮膚や粘膜が弱いと、風邪をひいたり、炎症をおこしたりします。侵入してきた病原体や、がん細胞などの体内の敵とたたかっているのが血液中の白血球です。白血球はさまざまな種類から成り、よく耳にするリンパ球や、マクロファージ、ナチュラルキラー（NK）細胞なども仲間です。これらは免疫をつかさどるので"免疫細胞"と呼ばれます。病原体を食べたり、攻撃したり、抗体を作ったりしてたたかっています。

野菜を食べて免疫力を高めましょう

"免疫力を高める4か条"の中で特に食事は大切です。食品から摂るさまざまな成分が、免疫細胞（p.4下のコラム）を作ったり活性化したりする機動力になります。

では、具体的にはどんな食品を食べると免疫力が高まるのでしょう。答えは下の図、❶〜❺の5つの成分を食品からバランスよく摂ることです。

各成分はいろいろな食品に含まれているのですが、中でも成分を多く含むのが「野菜」です。ふだんの食事では、肉や魚、卵は必要量をおおむね摂っているもの。ですが、野菜はどうしても不足しがちです。そこで、野菜を意識して摂ることが免疫力を高める鍵となります。

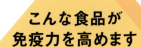
こんな食品が免疫力を高めます

❶ **たんぱく質**を含む食品
【食品】肉、魚、卵、とうふなど
【有効な成分】たんぱく質（リンパ組織や、抗体を運ぶたんぱく質の維持などに必要）

❷ **免疫活性力がある成分**を含む食品
【食品】多くの野菜、きのこ、海藻、ヨーグルトなど
【有効な成分】ファイトケミカル（p.6）、多糖類、乳酸菌など

❸ **抗酸化成分**を含む食品
【食品】多くの野菜、大豆、くだもの
【有効な成分】ビタミン類、ファイトケミカルなど

❹ **ミネラル**を含む食品
【食品】肉、魚介、卵、牛乳、大豆、穀類、野菜、くだもの、海藻
【有効な成分】亜鉛、セレンなど（免疫細胞が増えたり活発に働くために必要で、抗酸化作用もある）

❺ **腸内細菌のバランスをよくする**食品
【食品】ヨーグルト、ケフィア、いも、野菜、きのこ、くだもの、穀類、海藻など
【有効な成分】乳酸菌、食物繊維など

野菜には免疫パワーがたっぷり

野菜の免疫パワー成分

ビタミン	ビタミンA（β-カロテン）・ビタミンC・ビタミンEほか
ミネラル	カルシウム・鉄・カリウム・セレンほか
食物繊維	セルロース・ペクチン・リグナン・β-グルカンほか
ファイトケミカル	β-カロテン・リコピン・アントシアニン・カテキンほか

野菜はビタミンやミネラルといった栄養素が豊富です。さらに、野菜の色や香り、辛味など、今まで栄養素とは考えられていなかった成分にも、免疫活性力や抗酸化力が多くあることが、近年わかってきています。次ページはその代表的な研究の結果です。

この本では、野菜の免疫パワーに着目し、料理に使いやすい食材を、野菜を中心にピックアップしました。日ごろなにげなく使っている食材ですが、その免疫効果がわかると、いつものおひたし一品、一素材がより価値のあるものになります。

なお、料理にはあまり使いませんが、くだものも野菜と同様な免疫パワーをもっているので、デザートやおやつにおすすめです。

ファイトケミカルって？

免疫活性成分や抗酸化成分(p.41)などは、今まで栄養素とは考えられなかった成分です。こうした成分は主に植物に含まれるので、植物化学成分という意味のファイトケミカルとかフィトケミカルと呼ばれます。色素・香り・辛味やにが味・アクなどのさまざまな成分があります。代表例はポリフェノール。ファイトケミカルの分類はむずかしいのですが、下の表は、五感でわかる項目をもとに大まかに分類した一部です。（　）内は食品例ですが、ひとつの野菜やくだものは複数のファイトケミカルを含みます。

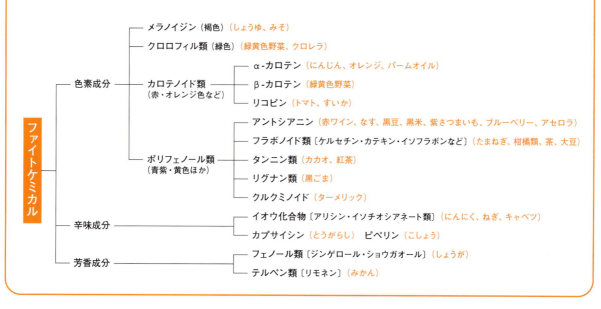

がん予防を期待できる"デザイナーフーズ"

デザイナーフーズ＋日本の食品
（アメリカの食品）

※今後の研究で順位が変わることもありえます。
※カンゾウ＝ユリ科植物
パースニップ＝にんじんに似た野菜。アメリカボウフウ
ターメリック＝うこん。カレーの黄色の素
亜麻＝種から油をとった残りを食用にする

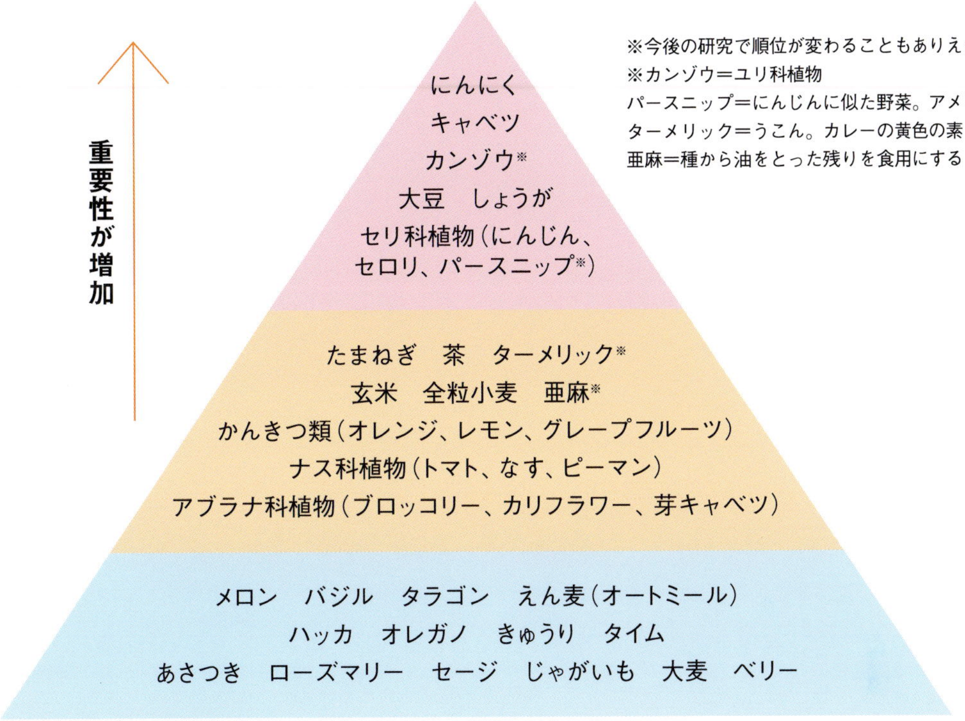

重要性が増加 ↑

【ピラミッド上層】
にんにく
キャベツ
カンゾウ※
大豆　しょうが
セリ科植物（にんじん、セロリ、パースニップ※）

【ピラミッド中層】
たまねぎ　茶　ターメリック※
玄米　全粒小麦　亜麻※
かんきつ類（オレンジ、レモン、グレープフルーツ）
ナス科植物（トマト、なす、ピーマン）
アブラナ科植物（ブロッコリー、カリフラワー、芽キャベツ）

【ピラミッド下層】
メロン　バジル　タラゴン　えん麦（オートミール）
ハッカ　オレガノ　きゅうり　タイム
あさつき　ローズマリー　セージ　じゃがいも　大麦　ベリー

　免疫力が弱まると病気になりやすく、中でもがんにかかりやすくなります。そして、がんと食生活は密接な関係があることが明らかになっています。
　代表的な研究は"デザイナーフーズ計画"。1990年から、アメリカ国立がん研究所が中心になって進めているプロジェクトで、植物性食品（野菜、くだもの、香辛料、穀物など）に含まれる成分が、がん予防に効果があるかを科学的に解明しようと始まったものです。そして効果は期待できるとわかり、上図がその結果です。
　3層のピラミッドは上層ほど、がん予防が期待できるという調査報告が多いものです（各層の中の順序は関係ありません）。食品はアメリカでなじみ深い食品です。
　右は、このプロジェクトに参加している大澤俊彦先生の研究で、日本の食品を加えたものです。これらの食品をふだんの生活にたくさんとり入れたいものです。

日本人になじみが深く、同様の効果が期待できる食品

にら　せり　パセリ　しそ　だいこん
かぶ　かいわれだいこん　わさび
ほうれんそう　かぼちゃ　さつまいも
ごぼう　きのこ　ごま　とうふ
海藻（わかめ・こんぶ・ひじき・のり）
アボカド　キウイフルーツ
ブルーベリー　バナナ
プルーン　パパイヤ

がん予防で注目の食品

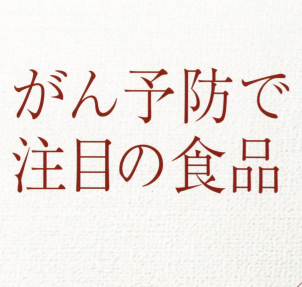

アブラナ科
キャベツ
はくさい
ブロッコリー
カリフラワー
だいこん
かぶ

ユリ科
たまねぎ
ねぎ
にんにく
にら

きのこ
しいたけ
まいたけ
しめじ
えのきたけ
エリンギ
etc.

大豆と
大豆製品

「淡色野菜を見直そう」

　野菜の免疫活性力やがん予防の力は、ビタミンやミネラルといった栄養素だけでなく、野菜の色や香り、辛味などの成分にもあることがわかっています。

　注目したいのは、淡色野菜にも、そうした成分が多いということ。淡色野菜は価値が低いように思いがちですが、緑黄色野菜とともに意識して食べるようにしましょう。

「アブラナ科・ユリ科の野菜」

　アブラナ科・ユリ科の野菜は、淡色野菜が多くありますが、がん予防で注目されています。

　アブラナ科のキャベツやだいこんには、イオウ化合物の**イソチオシアネート**という香気成分があります。これに、発がん物質を解毒する酵素を活性化する働きがあるとわかっています。

　ユリ科のにんにくやねぎには、きざむとツンとする刺激成分があります。これも**イオウ化合物（硫化アリルなど）**で、抗菌作用や、発がん物質を抑える働きがあります。

「きのこ」「大豆」

　きのこは、含まれる**多糖類**に、免疫細胞を活発にしたり、発がんを抑えたり、がん細胞の増殖を抑制したりする働きがあります。

　大豆の**イソフラボン**には強い抗酸化力があります。また、女性ホルモンに似た働きがあって更年期障害の症状をやわらげたり、ホルモンに関係する骨粗しょう症や乳がんを予防したりする働きがあります。

がん予防で注目の食品

キャベツ

　アブラナ科の野菜に含まれる**イオウ化合物のイソチオシアネート**は、発がん物質を解毒する酵素の働きを高め、活性酸素を無害化し、がんを予防します。アブラナ科野菜にはほかにも**インドール**や**ステロール**といった、発がん抑制効果があるとされる成分が豊富です。

　キャベツには抗酸化作用があるビタミンCや、有害物質を早く排出する**食物繊維**も豊富です。また、キャベジンの名で知られる**ビタミンU**は胃腸をじょうぶに保つほか、白血球を活性化する働きもあります。

キャベツととり肉の煮こみ
キャベツをたっぷり食べられます。
肉のたんぱく質も免疫力には欠かせません

献立例●れんこんと豆のサラダ(p.79)、パン、グレープフルーツ

材料（2人分）　　1人分292kcal
キャベツ	1/4個(300g)
とり手羽元	6本(210g)
（塩・こしょう各少々　小麦粉大さじ1）	
ミニトマト	2個
たまねぎ	1/4個(50g)
にんにく	小1片(5g)
ベーコン	1/2枚
サラダ油	大さじ1
白ワイン	カップ1/4
A 水	カップ1 1/2
固形スープの素	1/2個
ローリエ	1枚
ローズマリー	1枝
塩・こしょう	各少々
サワークリーム	大さじ2

作り方
❶キャベツは芯をつけたまま、4〜5切れのくし形に切ります。
❷たまねぎ、にんにくは薄切り、ベーコンは1cm幅に切ります。
❸とり肉に塩、こしょうをふり、小麦粉をまぶします。厚手の鍋に油を熱し、中火で肉の表面に焼き色をつけてとり出します。
❹続いて、たまねぎとにんにくを弱火でいため、ベーコンを混ぜ、ワインを加えます。沸とうしたら、肉をもどし、Aを加えて強火にします。
❺沸とうしたらアクをとり、キャベツを加え、弱火でふたをして約20分煮ます。最後にミニトマトを加え、塩、こしょうで味をととのえます。
❻盛りつけてサワークリームをかけます。ローズマリー(材料外)を飾っても。

キャベツのさっと煮
厚揚げには大豆のイソフラボンも。
手軽で作りやすいおそうざいです

材料（2人分）
1人分127kcal
キャベツ……1/4個（300g）
厚揚げ（生揚げ）
　……1/2枚（100g）
A［ だし……カップ1/2
　　しょうゆ……大さじ1
　　みりん……大さじ1
　　赤とうがらし……1/2本 ］

作り方
❶キャベツは、食べやすい大きさにざく切りにします。
❷厚揚げは熱湯をかけて油を抜きます。縦半分にし、1cm幅に切ります。
❸赤とうがらしは種をとって、小口切りにします。
❹鍋にAを入れて中火にかけ、沸とうしたら、厚揚げを入れて1〜2分煮ます。キャベツを加え、ふたをして7〜8分煮ます。途中で上下を返します。

キャベツのグリル アンチョビソース
オーブントースターで焼くだけ。
焼き味がほのかに甘く美味です

材料（2人分）
1人分168kcal
キャベツ……1/4個（300g）
〈ドレッシング〉
アンチョビ…2切れ（10g）
にんにく……1片（10g）
オリーブ油……大さじ3

作り方
❶キャベツは4〜5切れのくし形に切ります。芯を落とし、形をくずさないように、小ぶりの耐熱皿（またはオーブントースターの皿）に並べます。
❷オーブントースターで5〜10分、表面に焼き色がつくまで焼きます。
❸焼いている間にドレッシングを作ります。にんにく、アンチョビはみじん切りにします。フライパンに油とにんにくを入れて弱火にかけ、こげないように1分ほどいためます。アンチョビを混ぜて火を止めます。
❹熱々のキャベツにドレッシングをかけます。

はくさい

がん予防で注目の食品

アブラナ科特有の**イオウ化合物**を含みます（p.10）。抗酸化作用のあるポリフェノール類の**ケンフェロール**という成分も多く含みます。また、**ビタミンC**を含み、カルシウムやカリウムなどの**ミネラル**にも富んでいます。はくさいはたっぷり食べられる野菜なので、**食物繊維**もたくさん摂れます。

はくさいと豚肉の 重ね蒸し煮
控えめの煮汁ではくさいの甘味を引き出し、たっぷり食べます

献立例●生にらサラダ（p.29）、かぶの中華甘酢漬け（p.21）、ごはん

材料（2人分） 1人分357kcal
- はくさい ……… 1/4株（600g）
- ねぎ ……… 10cm
- しょうが ……… 1かけ（10g）
- 豚ばら肉（しゃぶしゃぶ用）……… 150g
- A
  - 塩 ……… 小さじ1/8
  - こしょう ……… 少々
  - かたくり粉 ……… 小さじ1
- B
  - 水 ……… カップ1
  - 固形スープの素（砕く）……… 1個
  - 酒 ……… 大さじ2
  - しょうゆ ……… 大さじ1/2
- C
  - かたくり粉 ……… 小さじ1
  - 水 ……… 小さじ2

作り方
❶豚肉にAをもみこみます。
❷はくさい1/4株を縦半分に切ります。それぞれ芯をそのままにして、葉と葉の間に豚肉をはさみこみます。

❸大きめの鍋に、②を形をくずさないように入れます。Bを入れ、落としぶた（アルミホイルでも）をのせます。鍋のふたをして、弱めの中火で8～10分蒸し煮にします。
❹ねぎ、しょうがはせん切りにして、水にさらし、水気をきります。
❺はくさいが煮えたら、食べやすい大きさに切り、盛りつけます。
❻残った煮汁（約カップ1/2）に、Cの水どきかたくり粉を加え、混ぜながら煮立てます。これをはくさいにかけ、④をのせます。

はくさいと ささみの中華あえ
ゆでるよりもビタミンCの流出が少ない 電子レンジで加熱調理

材料（2人分）
1人分65kcal
はくさい……200g（2枚分）
きゅうり………………½本
　塩………………小さじ⅛
とりささみ……1本（50g）
A ┌ 塩………………小さじ⅛
　└ 酒………………小さじ2
B ┌ しょうゆ………大さじ1
　│ 酢………………大さじ1½
　│ 砂糖……………小さじ⅓
　│ ごま油…………小さじ1
　│ しょうが汁……小さじ⅔
　│ 赤とうがらしの
　└ 　小口切り……1本分

作り方
❶ はくさいは3×1cmのたんざく切りにし、ラップをして電子レンジで2〜3分加熱します。
❷ きゅうりは縦半分、斜め薄切りにします。塩をふります。
❸ ささみは厚みを半分に切って筋をとり、皿にのせてAをふり、ラップをかけて電子レンジで約2分加熱します。
❹ 野菜の水気をしぼります。ささみの身を細く裂きます。
❺ Bを合わせて④をあえます。

はくさいの即席水キムチ
整腸作用のあるりんご、香りに免疫活性成分のあるにんにく、しょうがと一緒に

材料（3〜4人分）
全量で151kcal
はくさい
　………250g（2〜3枚分）
塩………………大さじ½
A ┌ にんにく…1片（10g）
　│ しょうが1かけ（10g）
　│ 赤とうがらし……2本
　└ 砂糖……………小さじ1
B ┌ 水………………カップ2
　└ 塩………………小さじ1
りんご………½個（150g）
ゆず…………1個（120g）

作り方
❶ はくさいは3cm角に切ります。ボールに入れて塩をふり、重しをして約10分おきます。
❷ Bを煮立てて、さまします。
❸ にんにくは薄切り、しょうがはせん切りにします。赤とうがらしは種をとり、半分に切ります。
❹ 大きめのボールにAを合わせ、はくさいを水気をしぼって混ぜます。Bも加えます。
❺ りんごは皮つきのまま薄いいちょう切りにします。ゆずは、皮は薄くむいてせん切りにし、果汁を大さじ1½しぼります（たりなければレモン汁をたしても）。④に加えます。
＊時間をおいたほうがおいしく、約3日冷蔵保存できます。

がん予防で注目の食品

ブロッコリー

アブラナ科特有の**イオウ化合物・イソチオシアネート**の一種で**スルフォラファン**という成分があります。これは発がん物質を解毒する酵素の働きを活性化します。また抗酸化作用をもつβ-カロテンやビタミンC・E、食物繊維もたくさん含みます。特にブロッコリースプラウトには、スルフォラファンはじめ、がん予防に役立つ成分が凝縮されています。

ブロッコリーとかきのオイスターいため

かきは亜鉛が豊富。亜鉛は免疫活性に欠かせないミネラルです

献立例●カリフラワーとピータンの香味サラダ(p.17)、ごはん、中華スープ(p.88)

材料（2人分） 1人分157kcal

かき（むき身）	150g
塩・こしょう	各少々
かたくり粉	大さじ1
ブロッコリー	1株(200g)
しいたけ	6個(90g)
サラダ油	大さじ1
A　オイスターソース	大さじ1
しょうゆ	大さじ½
酒	大さじ2
水	大さじ2
砂糖	小さじ½

作り方

❶塩水（水カップ2＋塩小さじ1）で、かきをふり洗いします。水で洗い、ざるにとります。

❷ブロッコリーは小房に分け、茎は皮をむいて5mm厚さに食べやすく切ります。全部を熱湯でかためにゆでます。

❸しいたけは軸をとり、大きければ2つにそぎ切りにします。

❹Aは合わせます。

❺かきの水気をペーパータオルでよくとります。塩、こしょうをふって、かたくり粉をまぶします。

❻大きめのフライパンに油を熱し、かきの表裏を中火で1分ずつ焼きます。しいたけ、ブロッコリーを加えて1分ほどいため、Aを加えて強火でからめます。

ブロッコリーとチーズのおかかあえ
チーズのアクセントでブロッコリーの青くささが気になりません

材料（2人分）
1人分63kcal
ブロッコリー …………… 小1株（150g）
A ［ しょうゆ …… 大さじ½
　　みりん ……… 小さじ½ ］
クリームチーズ …… 20g＊
けずりかつお ………… 少々
＊小分けのポーションタイプ1個（20g）分です。

作り方
❶ ブロッコリーは小房に分けます。茎は皮をむいて、3〜4cm長さの薄切りにします。
❷ ブロッコリーを熱湯でゆで、ざるにとります。ボールに移し、熱いうちに、Aをからめます。
❸ チーズはあらく切って②に混ぜ、盛りつけます。けずりかつおをふります。

ブロッコリーの赤ワイン煮
赤ワインのポリフェノールと合わせて免疫によい成分がたっぷり

材料（2人分）
1人分173kcal
ブロッコリー … 1株（200g）
たまねぎ ……… ¼個（50g）
黒オリーブ（種なし）… 4個
ベーコン ……… 2枚（40g）
オリーブ油 …… 大さじ1
赤ワイン・水 … 各カップ¼
塩 ……………… 小さじ⅛
こしょう ……… 少々

作り方
❶ ブロッコリーは小房に分けます。茎は皮をむいて食べやすく切ります。
❷ たまねぎは薄切り、黒オリーブは輪切り、ベーコンは1cm幅に切ります。
❸ 鍋に油とベーコンを入れ、弱火で1分ほどいためます。たまねぎを加えて中火でいため、しんなりしたらブロッコリーを加えて、ざっといためます。
❹ 赤ワイン、水、黒オリーブを加えてふたをし、弱火で5〜6分煮ます。塩、こしょうで味をととのえます。

がん予防で注目の食品

カリフラワー

アブラナ科特有の**イオウ化合物**を含みます（p.10）。ブロッコリーから改良された野菜で、ビタミンCはブロッコリーより少なめですが、くせのない味でいろいろな料理に使えます。

カリフラワーとえびのマヨネーズあえ
こっくり味が満足の一皿。えびの赤い色素アスタキサンチンにも、強い抗酸化作用があります
献立例●はくさいとささみの中華あえ（p.13）、ごはん、中華スープ（p.88）

材料（2人分）　　1人分253kcal
- カリフラワー……… 小1株（400g・正味200g）
- A ┌ 水 ……………………………… カップ3
　　└ 塩 ……………………………… 小さじ1
- ピーマン ……………………………… 1個（40g）
- ねぎ …………………………………… ½本
- むきえび（大） ……………………… 120g
- B ┌ 塩・こしょう ………………… 各少々
　　│ 酒 ……………………………… 小さじ1
　　│ かたくり粉 …………………… 大さじ½
　　└ ごま油 ………………………… 小さじ½
- サラダ油 ……………………………… 大さじ1
- C ┌ マヨネーズ …………………… 大さじ2
　　│ 生クリーム …………………… 大さじ2
　　│ レモン汁（または酢）……… 大さじ½
　　│ 砂糖 …………………………… 小さじ1
　　└ 塩 ……………………………… 小さじ¼

作り方
❶ カリフラワーは小房に分け、Aでゆでます。
❷ ピーマンは1.5cm角に切ります。ねぎは2cm長さに切ります。
❸ えびは背わたをとってBを順にまぶします。Cは合わせておきます。
❹ 大きめのフライパンに油大さじ½を熱し、ピーマンをさっといためてとり出します。
❺ 油大さじ½をたして、中火でねぎをいため、えびを加えます。えびが赤くなったら、カリフラワーを加えて1〜2分いためます。
❻ 火を止め、フライパンをぬれぶきんにあててあら熱をとってから、Cを加えて混ぜます。ピーマンを散らします。

カリフラワーとピータンの香味サラダ
香味野菜にはがん抑制作用のある成分が。体にやさしい温野菜サラダ

材料（2人分） 1人分100kcal
- カリフラワー … 1/2株（300g・正味150g）
- ピータン … 1個
- ミニトマト … 4個

〈ドレッシング〉
- ねぎ … 10g
- しょうが … 小1かけ（5g）
- 赤とうがらし … 1/2本
- しょうゆ・酢 … 各大さじ1/2
- 砂糖 … 小さじ1/2
- ごま油 … 小さじ1/2

作り方
1. カリフラワーは小房に分け、熱湯でゆでます。
2. ピータンは殻をむき、縦8つ割りにします。トマトは半分に切ります。
3. ねぎ、しょうがはみじん切りにします。赤とうがらしは種をとって、小口切りにします。ドレッシングの材料を合わせます。
4. ①②を盛り合わせ、ドレッシングをかけます。

カリフラワーとあさりの カレー味スープ
カレー粉に含まれるターメリックの色素クルクミンには抗酸化作用があります

材料（2人分） 1人分113kcal
- カリフラワー … 1/2株（300g・正味150g）
- あさり（砂抜きずみ） … 200g
- しょうが（みじん切り） … 5g
- はるさめ … 20g
- サラダ油 … 大さじ1/2
- カレー粉 … 小さじ1
- A［水 … カップ3／固形スープの素 … 1個］
- ナンプラー … 大さじ1
- 塩 … 少々
- こしょう … 少々

〈仕上げ〉
- レモン1/2個　香菜（シェンツァイ）1枝

作り方
1. あさりは塩水（水カップ1に塩小さじ1の割合）に30分ほどつけて、よく洗います。
2. カリフラワーは小房に分けます。はるさめは、はさみで食べやすい長さに切ります。
3. 鍋に油を熱し、しょうが、カリフラワーの順に加えて中火でいため、カレー粉を加えてよく混ぜます。Aを加え、強火にしてふたをします。
4. 沸とうしたらアクをとり、中火で2～3分煮ます。あさり、はるさめ（乾燥のまま）、ナンプラーを加えます。
5. 貝が開いたら、塩、こしょうで味をととのえます。香菜をのせ、レモンを添えます。

だいこん

がん予防で注目の食品

アブラナ科特有の**イオウ化合物**を含みます（p.10）。でんぷんの分解酵素アミラーゼ（ジアスターゼとも）を含み健胃効果があります。葉にもβ-カロテンやビタミンCが多いので、葉もなるべく使いましょう。また、葉をゆでると白血球の活性が強くなると注目されています。

だいこんとカルビ肉のピリ辛煮
ごはんがすすむおかずです。
だいこんの葉も使えば抗酸化力がさらにアップ

献立例●はくさいの即席水キムチ（p.13）、せりのナムル（p.49）、ごはん

材料（2人分） 1人分498kcal

- だいこん……400g
- だいこんの葉……20g
- 牛カルビ肉（焼き肉用）*……150g
- A
  - しょうゆ……小さじ1
  - 酒……小さじ1
  - かたくり粉……大さじ1/2
- にんにく……1片（10g）
- しょうが……1かけ（10g）
- サラダ油……大さじ1
- B
  - 水……カップ2
  - スープの素……小さじ1
  - 砂糖……大さじ1 1/2
  - しょうゆ……大さじ1
  - コチュジャン……大さじ2
- いりごま（白）……大さじ1/2

*牛ばら肉（焼き肉用）でもかまいません。

作り方

❶ 肉にAをもみこみます。

❷ だいこんは7～8mm厚さの半月切りにします（皮つきでもよい）。葉は、生か、さっとゆでて、みじん切りにします。

❸ にんにくは薄切りに、しょうがはみじん切りにします。

❹ 厚手の鍋に油を熱し、③を中火でさっといためて肉を加えます。色が変わったら、だいこんを加えてよくいため、Bを加えて強火にします。

❺ 沸とうしたらアクをとります。弱めの中火にして落としぶたをし、鍋のふたをずらしてのせます。20分ほど煮たら、ふたをとって強火にし、煮汁が少し残る程度に煮つめます。

❻ ごまとだいこんの葉をふります。

パリパリだいこんの キムチサラダ

ブロッコリースプラウトは発がん物質を解毒する酵素の働きを高めます。キムチには乳酸菌も

材料（2人分）
1人分61kcal
だいこん……………… 200g
A ┌ はくさいキムチ‥ 50g
　├ しょうゆ…… 小さじ1/2
　├ ごま油……… 小さじ1/2
　└ いりごま（白）
　　　　　………… 大さじ1
スプラウト（ブロッコリー）
　………… 1パック（40g）

作り方
❶ だいこんはスライサーか包丁で、せん切りにします（皮つきでも）。冷水に放し、パリッとしたら水気をきります。
❷ キムチはあらみじんに切ります。Aを合わせます。
❸ だいこんとスプラウトを盛りつけ、Aをのせます。混ぜながら食べます。

切り干しだいこんの煮なます

切り干しは、生のだいこんよりミネラルや食物繊維が凝縮しています

材料（2人分）
1人分82kcal
切り干しだいこん…… 20g
干ししいたけ………… 2個
にんじん
　………… 30g（3cm長さ）
さやえんどう………… 4枚
A ┌ だし………… カップ1/4
　├ 砂糖………… 大さじ1
　├ うすくちしょうゆ
　│　　　　　　 大さじ1
　├ みりん…… 大さじ1
　├ 酢………… 大さじ2
　└ 干ししいたけのもどし汁
　　　　　　　 大さじ2

作り方
❶ 干ししいたけは、カップ1/4の水につけます（もどし汁はとりおきます）。切り干しだいこんは、たっぷりの水に10分ほどつけてもどします。
❷ しいたけは薄切りにし、切り干しは水気をしっかりしぼってざく切りにします。にんじんは細切りにします。
❸ さやえんどうは筋をとり、色よくゆでます。斜めせん切りにします。
❹ 鍋にAと②を入れて火にかけます。ふたをし、煮立ったら中火にして、汁気がなくなるまで煮ます。さめたら③をのせます。
＊冷蔵庫で2～3日保存できます。

かぶ

がん予防で注目の食品

アブラナ科特有の**イオウ化合物**を含みます（p.10）。葉にはβ-**カロテン**、**ビタミンC**をはじめ、**インドール**や**ケンフェロール**といったがん予防に有効な成分を多く含むので、捨てずに活用しましょう。

かぶとさけのクリーム煮
牛乳には、免疫機能に欠かせない良質なたんぱく質やミネラルが

献立例● にんじんとりんごのサラダ（p.53）、パセリソース（p.90）のパスタ

材料（2人分）　1人分378kcal

かぶ	3個（300g）
かぶの葉と茎	50g
マッシュルーム	3個（60g）
さけ（甘塩）	小2切れ（150g）
小麦粉	大さじ½
サラダ油	大さじ½
バター	20g
小麦粉	大さじ1
A　水	カップ½
スープの素	小さじ1
牛乳	150㎖
塩・こしょう	各少々

作り方

❶ かぶは茎を少し残して使います。皮をむいて、6～8つ割りにします。葉1枚は、生のままみじん切りにし、飾り用にします。残りの葉と茎は3cm長さに切ります。マッシュルームは4つ割りにします。

❷ さけは、1切れにつき4～5つに切ります。小麦粉大さじ½をまぶします。フライパンに油を熱して、さけの両面を焼きます（中まで火が通らなくてよい）。

❸ 鍋にバターを溶かし、かぶの実と葉茎、マッシュルームを中火でいためます。バターがなじんだら、小麦粉大さじ1をふり入れ、こがさないように1分ほどいためます。

❹ Aを加えてよく混ぜ、ふたをして弱火で2～3分煮ます。牛乳、さけを入れ、3分ほど煮て、塩、こしょうで味をととのえます。

かぶとキウイのサラダ
かぶは淡泊なのでフルーツとも合います。ビタミンCがたっぷり摂れます

材料（2人分）
1人分127kcal
かぶ ……………… 小3個（200g）
　塩 ……………… 小さじ1/8
キウイフルーツ ……… 1個
〈ドレッシング〉
酢 ………………… 大さじ1
塩 ………………… 小さじ1/8
こしょう ………… 少々
砂糖 ……………… ひとつまみ
サラダ油 ………… 大さじ2

作り方
❶かぶは皮をむき、縦半分に切ってから、2～3mm厚さの薄切りにします。塩をふって5分ほどおき、水気が出たらよくきります。
❷キウイフルーツは3mm厚さの半月切りにします。
❸ドレッシングの材料を合わせます。これを、かぶとキウイに大さじ1くらいずつかけてから、盛りつけます。ドレッシングを添えます。

かぶの中華甘酢漬け
いためて漬けるので味がなじみやすく、さめればすぐに食べられます

材料（2人分）
1人分41kcal
かぶ ……………… 小2個（150g）
かぶの茎 ………… 3本
にんじん ………… 30g
赤とうがらし …… 1/2本
A｜砂糖 ………… 小さじ1
　｜塩 …………… 小さじ1/3
　｜酢 …………… 小さじ2
　｜しょうが汁 … 小さじ1/2
ごま油 …………… 小さじ1

作り方
❶かぶは皮つきのまま6～8つ割りにします。茎は2cm長さに切ります。
❷にんじんは小さめの乱切りにします。
❸赤とうがらしは半分に切り、種をとります。ボールにAを合わせます。
❹フライパンにごま油を熱し、にんじん、赤とうがらしを強火でいためます。油がまわったら、①を加えて1分ほどいためます。熱いうちにAにつけます。
❺さめるまで、時々上下を返して味をなじませます。
＊冷蔵で4～5日もちます。

がん予防で注目の食品

たまねぎ

　にんにくと同じユリ科で、ツンとする成分の**イオウ化合物**に、発がん物質を解毒したり抑えたりする働きがあります。また血液をサラサラにして血栓を予防する効果もあります。**ケルセチン**という黄色の色素は抗酸化作用をもち、たまねぎの汁には、白血球を活性化する働きが見つかっています。たまねぎには**オリゴ糖**も多く、腸の善玉菌を増やして免疫力を高めます。

たまねぎとひき肉の はるさめいため
手近な材料で甘から味のおかず。
肉には、免疫に欠かせないたんぱく質やミネラルが

献立例●ゴーヤとしらすの酢のもの(p.63)、電子レンジいりどうふ(p.37)、ごはん、和風スープ(p.88)

材料（2人分）　　　1人分277kcal
- たまねぎ……………………1個(200g)
- はるさめ……………………20g
- 牛ひき肉……………………80g
- A
  - 酒・しょうゆ……………各小さじ1
  - こしょう…………………少々
  - サラダ油…………………小さじ2
  - かたくり粉………………小さじ1/2
- B
  - 水…………………………カップ1/4
  - 砂糖・酒…………………各大さじ1/2
  - しょうゆ…………………大さじ2
  - かたくり粉………………小さじ1
- サラダ油……………………大さじ1
- かいわれだいこん…………1/4パック(10g)

作り方
❶はるさめは熱湯につけてもどし、食べやすい長さに切ります。
❷たまねぎは7〜8mm幅の薄切りにします。ひき肉にAを順に加えてよく混ぜます。
❸Bは合わせます。
❹フライパンに油大さじ1/2を熱し、強めの中火で肉をいためます。フライ返しでほぐしながら、押しつけるようにして火を通します。とり出します。
❺続いて油大さじ1/2をたし、たまねぎを約1分いためます。Bを混ぜ直してから加え、混ぜながら煮立てて、ひき肉、はるさめを加えます。
❻盛りつけて、かいわれをのせます。

たまねぎと豚肉のケチャップマリネ

イオウ化合物は水溶性。
水さらしなしで逃さず摂れます

材料（2人分）
1人分218kcal
たまねぎ……小1個(150g)
豚肩ロース肉（薄切り）
　　　　　　　　　……80g
A ┬ トマトケチャップ
　│　　　　　　……大さじ2
　├ ウスターソース
　│　　　　　　……大さじ1
　├ サラダ油……大さじ1
　└ しょうゆ……小さじ1/2
ミニトマト……………4個
サラダ菜………………6枚
＊好みでタバスコ少々をAにたしても。

作り方
❶ ボールにAを合わせます。
❷ たまねぎは薄切りにして、①に入れます。
❸ 湯をわかし、豚肉を1枚ずつ入れてゆでます。水気をきって、①に加えます。
❹ 冷蔵庫に30分ほどおいて味をなじませます。
❺ サラダ菜、ミニトマトとともに盛りつけます。

小たまねぎとかぶのカレーピクルス

体にいい野菜で作る保存食。
忙しいときのもう1品として役立ちます

材料（3～4人分）
全量で177kcal
小たまねぎ…10個(200g)
かぶ…………小3個(150g)
A ┬ 水……………カップ1
　└ 塩……………大さじ1
B ┬ 酢……………カップ1
　├ 白ワイン……カップ1/2
　├ 砂糖…………大さじ3
　├ 塩……………小さじ1
　├ 粒こしょう（丸ごと）
　│　　　　　　……5～6粒
　├ カレー粉……小さじ1
　├ ローリエ…………1枚
　└ 赤とうがらし………1本

作り方
❶ 小たまねぎは皮をむき、根の部分を薄く切り落とします。かぶは茎を少し残して、皮つきのまま4つ割りにします。
❷ かぶをAにつけて20～30分おきます。
❸ Bの材料をホーローかステンレス製の鍋に入れて煮立てます。たまねぎを入れて2～3分煮ます。さまします。
❹ かぶの水気をよくふいて、保存容器に入れます。③を汁ごと加えます。ふたをして室温におき、2～3日後から食べられます。以降は冷蔵庫に入れ、2週間ほど保存できます。

ねぎ

がん予防で注目の食品

にんにくやねぎなどユリ科の野菜には、ツンとする香りと辛味の成分**イオウ化合物**（硫化アリルなど）があり、発がん物質を解毒したり抑えたりする働きや、抗酸化作用をもちます。ねぎは昔から風邪の薬として使われてきましたが、これもまたイオウ化合物に、血行をよくして体を温める働きがあるためです。またビタミンB_1の吸収を高めるので、疲労回復に効果があります。

とり手羽とねぎの南蛮漬け
油で揚げずに焼くので低カロリー。
ねぎは丸ごと使って免疫パワーを全部利用

献立例●ブロッコリーとチーズのおかかあえ(p.15)、ミニトマトのしょうゆいため(p.57)、ごはん、ごぼうのスープ(p.77)

材料（2人分）　1人分242kcal

ねぎ	2本(200g)
とり手羽中	200g
A　塩	小さじ¼
酒	大さじ½
ごま油	大さじ½
かたくり粉	大さじ1
いりごま（白）	大さじ½
〈つけ汁〉	
B　砂糖	大さじ1
しょうゆ	大さじ2
みりん	大さじ2
水	カップ¼
赤とうがらし	½〜1本
酢	大さじ2

作り方

❶手羽中にAをよくもみこみ、10分ほどおきます。

❷ねぎは4〜5cm長さに切ります。緑の葉先部分（約10cm）は、包丁の背でしごいて中のぬめりを出し、みじん切りにします。

❸赤とうがらしは種をとり、斜めに細く切ります。

❹鍋にBを入れて火にかけます。煮立ったら、酢を加えて火を止め、ボールに移してさまします。

❺グリルを熱し、ぶつ切りのねぎを中火で焼きます。焼き色がついたら、つけ汁に入れます。手羽は強〜中火で両面を焼いて、つけ汁につけます。ごまとみじん切りのねぎも混ぜます。

ねぎの辛味サラダ

ピリ辛の刺激が食欲をそそります。
よく切れる包丁で細く切るのが
おいしく作るコツ

材料（2人分）
1人分41kcal
ねぎ（白い部分）
　　　　　　…………1本（100g）
ザーサイ*　………… 10g
焼き豚　………… 1枚（20g）
香菜（またはみつば）
　　　　　　………… 1～2本
〈たれ〉
しょうゆ………… 小さじ1
ラー油………… 小さじ½

＊ザーサイは味つけのものでも、塩蔵品でも。塩蔵品は水にさらして、塩気をほどよく抜いて使います。

作り方

❶ねぎは縦半分に切り、芯を除きます。できるだけ薄く細い斜め切りにします。水にさらします。

❷ザーサイと焼き豚は細切りにします。

❸しょうゆとラー油を合わせます。

❹ねぎの水気をきり、②を混ぜて盛りつけます。香菜を添え、たれをかけます。

ねぎのスープ煮

冬のねぎは、甘味が増して特においしい。
煮汁も一緒にたっぷりどうぞ

材料（2人分）
1人分28kcal
ねぎ………… 2本（200g）
干しえび…… 大さじ½（4g）
にんにく……… 小1片（5g）
しょうが…… 小1かけ（5g）
A ┌ 水………… カップ1½
　│ 中華スープの素
　│　　　………… 小さじ½
　│ しょうゆ…… 小さじ½
　└ 塩・こしょう
　　　　　………… 各少々

作り方

❶ねぎは7～8cm長さに切ります。

❷にんにくは2～3mm厚さの薄切りに、しょうがはすりおろして、汁をしぼります。

❸干しえびは乾燥のまま、半分に切ります。

❹鍋にAを入れ、ねぎを並べて入れます。にんにく、干しえびを散らします。落としぶたをし、鍋のふたをずらしてのせます。弱めの中火で15分煮ます。

❺しょうが汁を加えて、火を止めます。

がん予防で注目の食品

にんにく

デザイナーフーズ（p.7）のトップにあげられ、免疫力を高める可能性のある素材と高く評価されています。においのもとアリシンなどの**イオウ化合物**に強力な殺菌作用や抗酸化作用があって、がん予防に有効です。胃がんや胃潰瘍の原因とされるピロリ菌の感染を予防するという実験結果もあります。またビタミンB_1の吸収を高める働きをもち、疲労回復に効果があります。

にんにくたっぷりいため
にんにくの芽は実は茎。スタミナをつけたいときに
献立例●にんじんとりんごのサラダ（p.53）、雑穀の中華ごはん（p.81）、中華スープ（p.88）

材料（2人分） 1人分230kcal
牛もも肉（薄切り）	100g
A ┌ 砂糖	小さじ½
┃ 酒・しょうゆ	各小さじ1
┃ ごま油	小さじ1
└ かたくり粉	小さじ1
にんにくの芽	150g
にんにく	2片（20g）
サラダ油	大さじ1
塩	小さじ⅙
こしょう	少々

作り方

❶にんにくの芽は3〜4cm長さに切ります。湯カップ2に塩小さじ⅙（材料外）を加え、にんにくの芽を2分ほどゆでます。

❷にんにくは、薄切りにします。牛肉は1cm幅に切り、Aを順にもみこみます。

❸大きめのフライパンに油を弱めの中火で熱し、にんにくをいためます。薄く色づいたら、牛肉をほぐしながら入れていためます。肉の色が変わったら、にんにくの芽を加えて混ぜ、塩、こしょうで調味します。

にんにくみその田楽
みそはごはんにのせても。
こんにゃくの食物繊維は腸をおそうじ

材料（2人分）
玉こんにゃく……… 12個
竹串……………… 4本
〈にんにくみそ〉
にんにくみそ全量で238kcal
にんにく ……… 2片（20g）
ねぎ ……………… 5cm
ごま油…………… 大さじ½
A ┌ みそ
  │ … 30g（約大さじ2）
  │ 砂糖………… 大さじ2
  └ みりん……… 大さじ1

作り方
❶にんにくみそを作ります。
（1）にんにく、ねぎはみじん切りにします。
（2）鍋にごま油を熱し、（1）を弱火で2分ほど、こげないようにいためます。
（3）Aを加え、さらに約1分練り混ぜて、火を止めます。
❷こんにゃくは熱湯でさっとゆでてアクを抜きます。竹串でだんご状に刺し、にんにくみそを好みの量のせます。

にんにくスープ
あつあつを食べれば、風邪もふきとびます

材料（2人分）
1人分127kcal
にんにく ……… 2片（20g）
フランスパン*
（1cm厚さのスライス）
………………… 2切れ
オリーブ油…… 大さじ1
A ┌ 水 …………… カップ2
  └ 固形スープの素… 1個
塩………………… 小さじ⅛
卵 ………………… ½個
パセリ …………… 1枝
＊フランスパンはかたくなったもので充分です。

作り方
❶パンがやわらかい場合は、オリーブ油小さじ1（材料外）を塗って、オーブントースターでカリッと焼きます。
❷にんにくは薄切りにします。パセリは葉を摘みます。
❸厚手の鍋にオリーブ油とにんにくを入れ、弱めの中火でいためます。薄く色づいたら、Aを加えて煮立て、塩で味をととのえます。
❹卵をほぐし、③に少しずつ加えます。卵が浮いてきたら火を止めます。盛りつけて、パセリを散らし、パンを浮かべます。

がん予防で注目の食品

にら

ねぎ、にんにくなどと同じネギ属特有の**イオウ化合物**を含みます（p.24）。
β-カロテン、食物繊維も豊富です。

にらのフォー

あっさり味でにらの香味が生きます。
フォーはビーフンに代えてもおいしい

献立例●なすとえびのタイ風サラダ（p.55）、バナナヨーグルトシェイク（p.84）

材料（2人分）　　　　1人分338kcal

フォー*	140g
にら	½束（50g）
もやし	50g
とりむね肉	½枚（70g）
A ┌ 酒	小さじ1
└ 塩	少々
┌ 水	カップ4
B ├ 中華スープの素	小さじ2
└ しょうがの薄切り	2枚
C ┌ ナンプラー	大さじ1½
└ 塩・こしょう	各少々
レモンの輪切り	2枚

＊フォーは、米の粉から作られるベトナムのめん。乾燥品がエスニック食品売り場などで売られています。

作り方

❶とり肉はAをふって下味をつけます。

❷にらは3cm長さに切ります。にらともやしは、さっとゆでます。

❸鍋にBを煮立てます。とり肉を入れ、10分ゆでます。

❹別鍋に湯をわかし、フォーを表示の時間ゆでます。

❺③のスープから、肉としょうがをとり出し、肉は手で細く裂きます。スープを温め、Cを加えて味をととのえます。

❻器にめんを盛りつけ、スープをそそいで、肉、にら、もやし、レモンをのせます。

にら納豆
野菜をさっといためて混ぜるだけ。大豆製品には抗酸化成分イソフラボンが豊富

材料（2人分）
1人分121kcal
にら ………… 1束（100g）
にんじん ………… 20g
ごま油 ………… 大さじ½
ひき割り納豆
　………… 1パック（50g）
A［しょうゆ …… 大さじ1
　　みりん ……… 小さじ1
　　練りがらし
　　　………… 小さじ½］
すりごま（白）…… 大さじ1

作り方
❶ にらは3cm長さに切ります。にんじんも同じ長さのせん切りにします。
❷ ごま油で①をさっといためます。
❸ 納豆にAをよく混ぜてから、いためた野菜、ごまを混ぜます。

生にらサラダ
生にらは意外にくさみが少なくて繊維も気にならず、新鮮な食感です

材料（2人分）
1人分78kcal
にら ………… ½束（50g）
きゅうり ………… ½本
ソフトサラミソーセージ
（またはハム）…2枚（20g）
〈ドレッシング〉
マヨネーズ ……… 小さじ2
酢 ………………… 小さじ1
ごま油 …………… 小さじ1
ラー油・塩 ……… 各少々

作り方
❶ にらは3cm長さに切ります。きゅうりは斜め薄切りにしてから、細切りにします。サラミも細く切ります。
❷ ドレッシングの材料を合わせ、食べる直前に①をあえます。

がん予防で注目の食品

きのこ

きのこに含まれるβ-グルカンという多糖類に免疫パワーがあり、がん細胞の増殖を抑えたり、免疫細胞を活性化する強い働きをもっています。また、きのこはビタミンDも含みます。ビタミンDはカルシウムの吸収をよくし、骨粗しょう症の予防にも役立ちます。

きのこととり肉のクリームパスタ
とりむね肉には、疲労を回復させる効果があります

献立例●トマトと焼きなすのピリ辛サラダ(p.57)、ブロッコリーの赤ワイン煮(p.15)、パン

材料（2人分） 1人分393kcal

- ショートパスタ* …… 60g
- しめじ …… 1パック(100g)
- エリンギ …… 1パック(100g)
- たまねぎ …… 1/4個(50g)
- とりむね肉 …… 100g
- バター …… 10g
- A ┌ 白ワイン …… 50mℓ
　　├ 湯 …… 350mℓ
　　└ スープの素 …… 小さじ2
- 生クリーム …… 50mℓ
- 塩・こしょう …… 各少々
- パセリのみじん切り …… 大さじ1/2

*形はペンネやフジッリなどお好みで。

作り方

❶ しめじは小房に分け、エリンギは約4cm長さ、3～4mm厚さに切ります。

❷ たまねぎは薄切りにします。とり肉は2～3cm角に切ります。

❸ 深めのフライパンにバターを弱火で溶かし、たまねぎをいためます。しんなりしたら、肉を加え、肉の色が変わったら、A、パスタ（乾燥のまま）、きのこを加えます。ふたをずらしてのせ、パスタがやわらかくなるまで中火で煮ます。

❹ 煮汁が50mℓくらいになったら、生クリームを加え、塩、こしょうで味をととのえます。

❺ 盛りつけて、パセリを散らします。

焼ききのこの梅風味あえ
きのこは水分が抜けるので
焼きすぎないのがおいしく焼くコツです

材料（2人分）
1人分17kcal
しいたけ ……… 4個（60g）
まいたけ … 1パック（100g）
A ┌ 梅干し
　│ 　… ½個（正味約8g）
　│ だし ………… 小さじ2
　└ しょうゆ …… 小さじ1
焼きのり ……………… ¼枚

作り方
❶ しいたけは、大きければ半分のそぎ切りにします。まいたけは食べやすく分けます。
❷ グリルできのこを、薄く焼き色がつく程度に焼きます。
❸ 梅干しの果肉をたたき、Aのほかの材料を合わせます。
❹ 食べる直前に③できのこをあえます。盛りつけて、のりを細く切ってのせます。

きのことうなぎの卵とじ
うなぎにはビタミンEが抜群に多く含まれ、
細胞の老化を防ぎます

材料（2人分）
1人分243kcal
ホワイトぶなしめじ
　…………… 1袋（100g）
ねぎ ………… ½本（50g）
うなぎのかば焼き
　…………… 小1枚（80g）
みつば ………………… 5本
卵 ……………………… 2個
A ┌ だし ………… カップ ½
　│ 砂糖 ………… 大さじ ½
　│ 酒 …………… 大さじ2
　│ みりん ……… 大さじ1
　└ しょうゆ …… 大さじ1

作り方
❶ しめじは小房に分けます。ねぎは4〜5cm長さの斜め薄切りにします。
❷ みつばは葉を摘み、茎は3〜4cm長さに切ります。
❸ うなぎは1cm幅に切ります。卵は割りほぐします。
❹ フライパンにAを合わせます。しめじとねぎを入れ、弱火で5〜6分煮ます。
❺ 続いて、うなぎとみつばの茎を散らしてのせ、1分ほど煮ます。火を強め、煮立ったところに、卵を回し入れます。半熟のうちにみつばの葉を散らし、火を止めてふたをしてむらします。

がん予防で注目の食品

きのこ鍋

きのこをどっさり食べられます。
せり、ねぎ、だいこんも免疫力を高める素材

献立例●アボカドとほたての刺し身サラダ(p.65)、野菜の浅漬け、ごはん

材料（2人分） 1人分329kcal
- まいたけ …… 1パック(100g)
- えのきたけ …… 1パック(100g)
- しいたけ …………… 6個(90g)
- とりもも肉 …………… 150g
- せり …………… 1束(100g)
- 切りもち …………… 2個
- A ┌ だし …………… カップ2½
  ├ みりん ………… 大さじ1⅓
  └ しょうゆ ………… 大さじ2
- 〈薬味〉
- 万能ねぎ …………… 2～3本
- だいこん …………… 100g

作り方
❶ えのき、まいたけは小分けします。せりは約4cm長さに切ります。しいたけは飾り切りを入れても。
❷ 万能ねぎは小口切りにします。だいこんはすりおろします。
❸ とり肉は3～4cm角に切ります。
❹ 土鍋にAを入れて火にかけ、煮立ったら、肉ときのこを入れてふたをし、弱火で煮ます。
❺ もちは半分に切り、オーブントースターで焼きます。
❻ ❹が煮えたら、もちとせりを加えて火を止めます。❷を添えます。

きのこのホットサラダ
きのこにあるうま味成分が生きておいしいサラダ

材料（2人分）
1人分120kcal
白まいたけ
　……… 1パック（100g）
マッシュルーム
　……… 1パック（100g）
グリーンカール
　（またはレタス）‥100g
レモン……………1/8切れ
オリーブ油……大さじ1 1/2
A ┌ 赤とうがらし……1本
　└ にんにく…1片（10g）
しょうゆ………大さじ1/2
＊ほかのきのこでもおいしく食べられます。

作り方
❶ まいたけは小分けし、マッシュルームは半分に切ります。Aの赤とうがらしは種をとって小口切りに、にんにくは薄切りにします。
❷ フライパンにオリーブ油とAを入れ、弱火でいためます。にんにくが色づいたらAをとり出し、きのこをいためます。Aをもどし、しょうゆを回し入れます。
❸ グリーンカールに②をのせ、レモンをしぼって食べます。

干ししいたけと ほたてのうま煮
干ししいたけには、骨の形成を促すビタミンDに変化するエルゴステリンが豊富

材料（2人分）
1人分148kcal
干ししいたけ
　……… 小10個（30g）
ねぎ………1/2本（50g）
ボイルほたて
　……… 5〜6個（100g）
A ┌ 中華スープの素
　│　……… 小さじ1
　│ 水………カップ1 1/2
　│ 酒………大さじ2
　└ しょうゆ…大さじ1/2
B ┌ かたくり粉…小さじ1
　└ 水………小さじ2
サラダ油………大さじ1
しょうが（1cm角の薄切り）
　……………7〜8枚

作り方
❶ 干ししいたけは、やっとかぶるくらいの水に約30分つけてもどします。軸を除きます。
❷ ねぎは1cm厚さの斜め切りにします。ほたては厚みを半分に切ります。A、Bはそれぞれ合わせます。
❸ 大きめのフライパンに油を熱してしいたけをいため、Aの半量を加えます。ふたをして弱めの中火で7〜8分煮ます。ふたをとって汁気がなくなるまで汁をとばし、とり出します。
❹ 続いて、ねぎ、ほたて、Aの残りを入れ、弱めの中火で3〜4分煮ます。しいたけをもどし、Bを加えてとろみをつけます。しょうがを散らします。

がん予防で注目の食品

大豆・大豆製品

　デザイナーフーズ（p.7）ではトップにあがります。ポリフェノールのひとつ**イソフラボン**が含まれ、強い抗酸化作用があります。イソフラボンはまた、女性ホルモンのエストロゲンと似た働きをして、骨粗しょう症を予防したり更年期症状をやわらげます。にが味、えぐ味の成分である**大豆サポニン**にも抗酸化作用があります。

大豆とひき肉のドライカレー

たまねぎ、にんにく、カレー粉など免疫活性や抗酸化作用がある成分がたっぷり

献立例●アスパラガスのサラダ（p.47）、ブロッコリーの赤ワイン煮（p.15）、フローズンヨーグルト（p.84）

材料（2人分）　　　1人分619kcal
大豆（水煮）	100g
合びき肉	80g
レーズン	30g
なす	1個（70g）
ピーマン	1個（40g）
たまねぎ	1/4個（50g）
にんにく	小1片（5g）
サラダ油	大さじ2
A　赤ワイン	カップ1/4
水	カップ1/2
カレー粉	大さじ1
塩	小さじ1/2
しょうゆ	大さじ1
温かいごはん	2人分（300g）
パセリのみじん切り	小さじ1

作り方

❶大豆、レーズンはあらくきざみます。なす、ピーマンは1cm角に切ります。

❷たまねぎ、にんにくはみじん切りにします。

❸厚手の鍋に油を熱し、②を弱火で1〜2分いためます。ひき肉を加えて中火でいためます。肉の色が変わったら、①を加えていためます。

❹全体に油がまわったら、Aを加えます。沸とうしたら弱めの中火にしてふたをし、3〜4分煮ます。汁気が多いようなら、ふたをとって煮つめます。

❺皿にごはんを盛りつけ、ドライカレーをのせて、パセリを散らします。

大豆のおろしのせ
だいこんおろしは
消化を助ける成分も含みます。
さっぱり味で重宝する小品です

材料（2人分）
1人分49kcal
大豆（水煮）	50g
だいこん	100g
しその葉	4枚
けずりかつお	少々
しょうゆ	大さじ½

作り方
❶ しそは縦半分に切ってせん切りにします。大豆と混ぜて、器に盛ります。
❷ だいこんをすりおろし、軽く水気をきって①にのせます。けずりかつおをのせ、しょうゆをかけて食べます。

中国風ひたし豆
ごはんの箸休めにおすすめです。
作りおけてうれしい、体にいいおかず

材料（3〜4人分）
全量で293kcal
大豆（水煮）		150g
ねぎ		10cm
A	酢・酒	各大さじ2
	しょうゆ	大さじ2
	砂糖	小さじ1
	ごま油	小さじ1
	ラー油	小さじ1

作り方
❶ ねぎはみじん切りにします。
❷ 密閉容器にAを合わせ、ねぎと大豆をつけます。2〜3時間で味がなじみます。
＊冷蔵庫で4〜5日保存できます。

がん予防で注目の食品

とうふの豆乳グラタン

**みそ味の豆乳をかけた和風グラタン。
大豆製品づくしの一品です**

献立例●ほうれんそうサラダ(p.45)、まぐろのカルパッチョ、パン、トマトスープ(P.88)

材料（2人分）　1人分391kcal

もめんどうふ	1丁(300g)
塩・こしょう	各少々
小麦粉	大さじ1
バター	5g
オクラ	5本
しめじ	½パック(50g)
粉チーズ	大さじ1

〈豆乳ソース〉

たまねぎ	¼個(50g)
バター	20g
小麦粉	大さじ2
調製豆乳*	300㎖
みそ	小さじ2
スープの素	小さじ½

＊とうふが作れる豆乳だと、モロモロと固まるので、調製豆乳を使います。

作り方

❶とうふは水気をきります（皿2～3枚の重しをのせて約15分おく）。

❷オクラはさっとゆでて、斜め半分に切ります。しめじは小房に分けます。たまねぎは薄切りにします。

❸ソースを作ります。(1)鍋にバター20gを溶かし、たまねぎを中火で1～2分、こがさないようにいためます。(2)小麦粉を加えてよく混ぜてから、豆乳を混ぜます。(3)みそとスープの素を加え、混ぜながら約5分煮てとろみをつけ、しめじを加えます。

❹①を縦半分、1cm厚さに切り、塩、こしょうをふって小麦粉をまぶします。バター5gで両面を焼きます。

❺耐熱容器に④を並べてオクラをのせ、ソースをかけてチーズをふります。オーブントースターで約15分焼きます。

めかぶのせ冷奴

めかぶのぬめり成分には
がん細胞の増殖を抑える働きも。
酒の肴にもなる一品

材料（2人分）
1人分105kcal
寄せどうふ……… 1個(200g)
めかぶ……… 2パック(80g)
干しえび……… 10g
ねぎ……… 10cm
〈たれ*〉
しょうゆ……… 小さじ2
酢……… 小さじ1
塩……… 小さじ1/8
ごま油……… 小さじ2
＊めかぶにたれがついている場合は、ぽん酢しょうゆ味ならごま油を少々たすなどして、上記のたれの部分に使えます。

作り方
❶干しえびは乾燥のまま、みじん切りにします。ねぎもみじん切りにします。
❷たれの材料を合わせ、めかぶとねぎを加えて混ぜます。
❸器にとうふをすくって入れ、②をかけます。干しえびをのせます。

電子レンジ いりどうふ

電子レンジで約6分、
チン！とできあがるからかんたんです

材料（2人分）
1人分171kcal
もめんどうふ
……… 1/2丁(150g)
しいたけ……… 2個(30g)
にんじん……… 30g
とりひき肉……… 50g
万能ねぎ……… 5本
卵……… 1個
A ┌ 酒……… 大さじ1
  │ スープの素
  │ ……… 小さじ1/2
  │ しょうゆ……… 小さじ2
  └ ごま油……… 小さじ1

作り方
❶とうふは3～4つに切り、器に広げます。ラップなしで電子レンジで約3分加熱し、ざるにとって水気をきります。
❷しいたけは薄切りに、にんじんは2cm長さのせん切りにします。
❸万能ねぎは小口切りにします。卵はほぐします。
❹耐熱容器にひき肉、②、Aを入れて混ぜます。とうふをあらくくずしながら混ぜます。
❺④にラップをかけないで、電子レンジで約4分加熱します（途中で1回混ぜる）。次に、卵を加えて混ぜ、約2分加熱します。ねぎを混ぜて盛りつけます。

がん予防で注目の食品

豆乳鍋

きのこのβ-グルカン、しゅんぎくのカロテンなど、
鍋料理は具が複数入って免疫パワーも高い

献立例●なすのフライパン焼きカリカリじゃこのせ(p.55)、
にんじんのごまみそいため(p.53)、ごはん

材料（2人分）　1人分185kcal
豆乳* ……………………… 200mℓ
だし ……………………… 200mℓ
しょうゆ ………………… 大さじ1
〈具〉
えび（無頭）……… 4尾（120g）
もめんどうふ …… 1/2丁（150g）
えのきたけ ……… 1袋（100g）
しゅんぎく ……… 1/4束（50g）
ぽん酢しょうゆ …………… 適量
*豆乳は、「成分無調整」「調製」
のどちらでも使えます。

作り方

❶ とうふは食べやすく切ります。しゅんぎくは5～6cm長さに切ります。えのきたけは、ほぐします。えびは背わたをとり、殻をむきます。

❷ 豆乳、だし、しょうゆを土鍋に入れ、弱火にかけます。沸とうしてきたら、材料を入れて煮ます。

❸ 汁ごと食べても、また、具をぽん酢しょうゆにつけてもよいでしょう。

厚揚げの辛味ソース

ごはんがすすむおかず。香味の野菜はがん予防が期待される素材

材料（2人分）
1人分231kcal
厚揚げ（生揚げ）
　……………… 1枚（200g）
みず菜 ……………… 70g
にんにく ……… 小1片（5g）
しょうが ……… 小1かけ（5g）
ねぎ ………………… 10cm
A ┌ スープの素 …… 小さじ½
　│ 豆板醤（トーバンジャン）…… 小さじ½
　│ 酒・しょうゆ
　│ 　……… 各大さじ1½
　└ 水 ……………… 70mℓ
ごま油 …………… 大さじ1

作り方
❶厚揚げは熱湯をかけて油を抜き、6～7mm厚さに切ります。
❷にんにく、しょうが、ねぎはみじん切りにします。Aを合わせ、みじん切りの野菜を加えて混ぜます。
❸みず菜は4～5cm長さに切り、皿に盛ります。
❹フライパンにごま油を熱し、厚揚げの両面を焼きます。②を入れ、弱めの中火で2～3分煮ます。みず菜の上に盛りつけます。

納豆入りいなり袋

酒の肴にもなります。
たっぷり入れるねぎには疲労回復効果も

材料（2人分）
1人分201kcal
油揚げ ……… 2枚（50g）
ねぎ ………… 1本（100g）
ひき割り納豆
　………… 2パック（80g）
A ┌ けずりかつお …… 5g
　│ しょうゆ …… 大さじ½
　│ 納豆のたれ
　│ （またはしょうゆ）
　└ ………… 小さじ½

作り方
❶油揚げはペーパータオルで押さえて油を軽くとります。半分に切り、袋状に開きます。
❷ねぎは緑の部分も含めて小口切りにします。納豆にAをよく混ぜて、ねぎも混ぜます。
❸油揚げに②を詰めます。口をつまようじでとめます。
❹アルミホイルにのせ、オーブントースターで表裏を2～3分ずつ焼いて、こんがりと焼き色をつけます。

体の
サビを防ぐ
カラフル
野菜

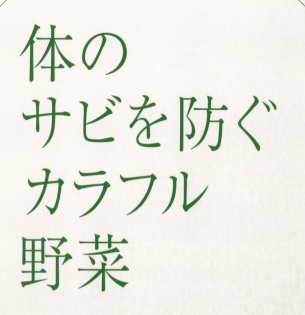

アブラナ科
こまつな

アカザ科
ほうれんそう

ユリ科
グリーンアスパラガス

セリ科
せり
セロリ
にんじん

ナス科
なす
トマト
ピーマン

ウリ科
かぼちゃ
ゴーヤ

くだもの
アボカド

「体の中にできる活性酸素が問題」

　酸素は人間に欠かせないものですが、酸素が体に入ると**活性酸素**が作り出されます。

　活性酸素は、体に入ってきた病原体を白血球が退治するときの武器になる一方で、細胞の脂肪や遺伝子と結びついて、体のサビ（過酸化脂質）を作ります。

「体の活性酸素制御システム」

　私たちの体には、酸化 - 抗酸化のバランスを保つシステム※が備わっているのですが、酸化側に傾いたときにサビが生じ、老化やがん、生活習慣病の原因となります。

　活性酸素は偏った食事やストレス、激しいスポーツなどによって必要以上に生まれてしまいます。

※バランスシステムは「レドックス制御」と呼ばれ、体の重要な機能として、最近大きく注目されています。

「抗酸化成分を摂って対抗」

　活性酸素を抑えるものを摂れば病気や老化を防ぐことになります。それが食品に含まれる**抗酸化成分**です。主な抗酸化成分は、**ビタミンA（カロテン）・C・E、ポリフェノール**※。抗酸化成分は、緑黄色野菜や魚などに豊富です。

　この章ではカラフルな野菜をとりあげます。ビタミン類のほかに、ポリフェノールや色素成分であるカロテノイド※※が多いので、強い抗酸化力があります。

※ポリフェノールは、植物が光合成で作る色素やにが味の成分で、2つ以上のOH（水酸基）をもつフェノール化合物の総称です。アントシアニン、フラボノイド、ケルセチン、イソフラボン、カテキン、ルチンなどもポリフェノールの仲間です。

※※カロテノイドは赤、橙、黄色などの色素成分で、にんじんなどに含まれるβ-カロテンは、その代表です（カロテノイドの中で特にβ-カロテンは、体内でビタミンAに変換される率が高いものです）。ほかに、α-カロテン、リコピン、カプサンチン、ルテイン、フコキサンチンなども仲間です。カロテノイドには優れた抗酸化作用があります。

こまつな

体のサビを防ぐカラフル野菜

アブラナ科特有の免疫によい成分が含まれます（p.10）。こまつなは**カルシウム**が特に多く、また、抗酸化力のあるβ-**カロテン**や**ビタミンC**、有害物質を排出する**食物繊維**も多く含みます。アクが少ないので下ゆでもいらず、いろいろな料理に使いやすい野菜です。

こまつなと かじきのXO醤（ジャン）いため
β-カロテンは油と一緒に摂ると吸収率がアップします
献立例●ねぎのスープ煮（p.25）、中国風ひたし豆（p.35）、ごはん

材料（2人分） 1人分351kcal

こまつな	2/3束（200g）
（サラダ油…大さじ1/2	塩…小さじ1）
かじきまぐろ	2切れ（200g）
酒・しょうゆ	各小さじ1
かたくり粉	大さじ1 1/2
サラダ油	大さじ1 1/2
A にんにく	小1片（3g）
ねぎ	10cm
しょうが	小1かけ（5g）
B XO醤*	大さじ1
酒	大さじ1 1/2
砂糖・しょうゆ	各小さじ1
水	70ml
かたくり粉	小さじ1

＊辛味とうま味の強い中華調味料。

作り方

❶かじきまぐろは1.5cm角に切り、酒としょうゆをふって10分おきます。
❷Aはみじん切りにします。Bは合わせます。
❸こまつなは5cm長さに切ります。大きめのフライパンに油大さじ1/2と塩を入れ、こまつなをざっといためます。かぶるくらいの熱湯を入れ、ひと煮立ちさせて、ざるにあけます。皿に盛りつけます。
❹かじきにかたくり粉をまぶします。③のフライパンに油大さじ1 1/2を熱し、かじきを焼いてとり出します。
❺続いてAを弱めの中火でいため、かじきをもどします。Bを加えて混ぜ、とろみが出たら火を止めます。
❻こまつなの上に、⑤をのせます。

こまつなと高野どうふの やわらか煮

**かさが減ってたくさん食べられます。
高野どうふのイソフラボンにも抗酸化作用**

材料（2人分）
1人分80kcal
こまつな……… 1/2束（150g）
高野どうふ…… 1枚（20g）
A ┌ だし ……… カップ1 1/2
　├ しょうゆ… 大さじ1 1/2
　└ みりん …… 小さじ2

作り方
❶こまつなは5cm長さに切ります。
❷高野どうふは、表示のとおりにもどして、水気を軽くしぼります。3〜4mm厚さに切ります。
❸鍋にAを煮立て、①②を入れます。ふたをして5分ほど中火で煮ます。火を止めてあら熱をとり、味をなじませます。

こまつなのじゃこいため

カルシウムが多く摂れます。一品たりないときにも便利

材料（2人分）
1人分60kcal
こまつな……… 1/2束（150g）
ちりめんじゃこ ……… 10g
にんにく ……… 小1片（5g）
赤とうがらし ……… 小1本
サラダ油 ……… 大さじ1/2
酒 ……… 小さじ1
塩 ……… 小さじ1/8
こしょう ……… 少々

作り方
❶こまつなは5cm長さに切ります。にんにくはみじん切りにします。赤とうがらしは種をとって小口切りにします。
❷鍋に、油、にんにく、赤とうがらしを入れ、弱火でいためます。香りが出てきたら、ちりめんじゃこを加え、強火で1分ほどいためます。
❸じゃこがカリッとしてきたら、酒を加えてひと混ぜし、こまつなを茎、葉の順に加えていためます。塩、こしょうで調味します。

体のサビを防ぐカラフル野菜

ほうれんそう

青菜の代表格。**β-カロテン、ルテイン、クロロフィル**といった色素成分とともに、**ステロールやポリフェノール類**に、活性酸素やがん細胞を抑える力、免疫細胞を活発にする力があります。抗酸化力のある**ビタミンC**や、細胞分裂や成長に関係する**葉酸**も豊富です。

ほうれんそうオムレツ
**具だくさんで朝食にもってこい。
たまねぎやきのこにも免疫活性の力が**

献立例●さといものサラダ（p.73）、小たまねぎとかぶのカレーピクルス（p.23）、パン、にんにくスープ（p.27）

材料（2人分・直径約20cmのフライパンで1個分）
1人分405kcal

卵	3個
A 溶けるチーズ	30g
牛乳	大さじ2
塩	小さじ1/8
こしょう	少々
ほうれんそう	100g
たまねぎ	1/4個（50g）
エリンギ	小1本（30g）
ベーコン	2枚（40g）
オリーブ油	大さじ2
塩・こしょう	各少々

作り方
❶ ほうれんそうはかためにゆで、水気をしぼって1cm長さに切ります。
❷ たまねぎはあらみじんに切ります。ベーコンは1cm角に切り、エリンギも同じ大きさに切ります。チーズはあらみじん切りにします。
❸ 卵を割りほぐし、Aを混ぜます。
❹ フライパンに油大さじ1を熱し、たまねぎとベーコンを弱めの中火で1分ほどいためます。エリンギ、ほうれんそうを順に加えていため、塩、こしょうをふります。これを卵液に混ぜます。
❺ フライパンをきれいにし、油大さじ1を中火で熱します。卵液を入れて大きく混ぜ、半熟になったら弱火にしてふたをし、1〜2分熱します。
❻ 表面がほぼ固まったら、1度皿に裏返してとり出し、フライパンにもどします。裏は1分ほど焼きます。

ほうれんそうの からしマヨネーズあえ

おひたしがわりに和洋に使えます。
魚肉ソーセージはかまぼこでも

材料（2人分）
1人分86kcal
ほうれんそう………100g
魚肉ソーセージ
　…40g（3cm長さで使用）
A ┌ マヨネーズ…大さじ1
　├ 練りがらし 小さじ¼
　└ しょうゆ……小さじ½

作り方
❶ほうれんそうはゆでて水にとり、水気をしぼります。3cm長さに切ります。
❷ソーセージは3cm長さに切り、7～8mm幅の薄切りにします。
❸Aを合わせ、①②をあえます。

ほうれんそうサラダ

サラダ用ほうれんそうは、結石の原因になる
シュウ酸が少ないので生で使えます

材料（2人分）
1人分99kcal
サラダ用ほうれんそう
　………………80g
ベーコン………1枚（20g）
にんにく………小1片（5g）
赤とうがらし……小½本
松の実*…………小さじ2
サラダ油………大さじ½
しょうゆ………大さじ½
酢………………大さじ½
＊松の実のほか、ピーナッツやくるみでも。

作り方
❶赤とうがらしは種をとり、小口切りにします。にんにくは薄切りに、ベーコンは細切りにします。
❷ほうれんそうは3～4つに切り、皿に盛りつけます。
❸フライパンに油を熱し、にんにく、ベーコンを弱めの中火で2分ほどじっくりいためます。
❹薄く色づいてきたら、弱火にし、松の実ととうがらしを加えて約1分いため、火を止めます。はねるのでひと呼吸おいてから、しょうゆ、酢を加えます。
❺④が温かいうちに、ほうれんそうにかけます。

体のサビを防ぐカラフル野菜

グリーンアスパラガス

　前章で紹介した、にんにくやねぎなどと同じユリ科の野菜です。**カロテン、ビタミンE**が比較的豊富。アミノ酸の一種**アスパラギン酸**を含み、新陳代謝を活発にし、疲労回復に役立ちます。穂先には血管をじょうぶにする働きのある**ルチン**が多く含まれ、動脈硬化や高血圧を予防します。

アスパラガスの肉巻きグリル

ばら肉とはおいしい組み合わせ。グリル焼きで肉の脂がほどよく落ちます

献立例●シャキシャキじゃがいものたらこソース(p.69)、ごはん、カリフラワーとあさりのカレー味スープ(p.17)

材料（2人分） 1人分274kcal
グリーンアスパラガス（太めのもの）
　……………………………… 6本（200g）
豚ばら肉（薄切り）………… 6枚（120g）
　塩・こしょう…………………… 各少々
ミニトマト………………………………… 4個
スイートチリソース*………… 大さじ2
*タイのチリソース。赤とうがらし入りの甘酸っぱい味で、いためものやめん料理に使います。ケチャップやマヨネーズに代えても。

作り方

❶アスパラガスは根元のかたい皮をむきます。
❷豚肉を広げて、塩、こしょうをふります。アスパラガス1本に肉を1枚ずつ斜めに巻きつけます。
❸②を強火のグリルで約10分、ようすをみながら焼きます。途中上下を返します。
❹皿に盛って、ミニトマトを飾り、チリソースをつけて食べます。

アスパラガスのサラダ
赤ワインや紫たまねぎの色素成分 アントシアニンに抗酸化作用あり

材料（2人分）
1人分71kcal
グリーンアスパラガス
　　……………5本（100g）
紫たまねぎ……1/3個（50g）
〈ドレッシング〉
赤ワイン……………大さじ2
酢……………………大さじ1
砂糖…………………小さじ1/2
塩……………………小さじ1/6
こしょう……………少々
サラダ油……………大さじ1

作り方
❶アスパラガスは根元のかたい皮をむきます。たっぷりの熱湯をわかし、根元から入れて30秒ほどしたら全体を沈め、色よくゆでます。ざるにとってさまし、長さを半分に切ります。
❷たまねぎは薄切りにします。ドレッシングの材料を合わせ、たまねぎを5～10分つけます。
❸アスパラを盛りつけて、②をのせます。

アスパラガスのかんたん白あえ
電子レンジ活用で、 野菜のビタミンCも逃げません

材料（2人分）
1人分114kcal
グリーンアスパラガス
　　……………5本（100g）
にんじん………………30g
もめんどうふ
　　……………1/3丁（100g）
A ┌ 練りごま……大さじ1
　│ 砂糖…………大さじ1
　└ 塩……………小さじ1/6

作り方
❶とうふはペーパータオルに包んで皿にのせ、電子レンジで約1分加熱します。水気をきって、ボールに移し、ゴムべらでつぶします。Aを混ぜます。さまします。
❷アスパラガスは根元のかたい皮をむきます。5mm厚さくらいの斜め切りにします。にんじんは約5cm長さのせん切りにします。両方を皿に広げ、ラップをして電子レンジで約1分30秒加熱します。
❸野菜がさめたら、①であえます。

体のサビを防ぐカラフル野菜

せり

抗酸化作用にすぐれたカロテンが豊富。独特の香りには食欲増進効果があるといわれています。

せりといかの中華いため
いかのアミノ酸成分タウリンには、血圧調整や肝臓の機能を高める作用が
献立例●電子レンジいりどうふ(p.37)、セロリのからしあえ(p.51)、ごはん

材料（2人分） 1人分119kcal
せり………………………1½束(150g)
いか(ロールまたはもんごう)……120g
A ┌ 塩……………………………少々
　 └ 酒………………………小さじ1
B ┌ にんにく………………小1片(5g)
　 │ しょうが………………小1かけ(5g)
　 │ ねぎ………………………5cm
　 └ 赤とうがらし………………小1本
C ┌ 酒・しょうゆ…………各小さじ1
　 └ 塩・こしょう………………各少々
サラダ油………………………大さじ1
ごま油…………………………小さじ1

作り方
❶ いかに、斜めの切りこみを格子状に細かく入れます（厚みの半分くらいまで）。1×3～4cmに切ります。Aをまぶします。
❷ せりは4cm長さに切ります。
❸ Bの赤とうがらしは半分に切って種をとります。Bのほかの材料はみじん切りにします。
❹ 大きめのフライパンにサラダ油とBを入れ、弱めの中火にかけます。香りが出てきたら、いかを入れ、中火で1～2分いためます。
❺ 続いて、せりを加えて強火でさっと混ぜ、Cで調味します。ごま油を加えて、火を止めます。

せりのナムル
いためてたっぷり。ごまに含まれる
食物繊維成分セサミンには抗酸化作用が

材料（2人分）
1人分43kcal
せり ………… 1束（100g）
ごま油 ………… 小さじ1
塩 ………………… 少々
いりごま（白）…… 大さじ1
糸とうがらし ……… 少々

作り方
❶せりは4〜5cm長さに切ります。
❷フライパンにごま油を熱し、せりを強火でさっといためます。塩とごまをふって火を止めます。
❸盛りつけて、糸とうがらしをのせます。

せりと油揚げのごま酢あえ
せりの根はごぼうのような食感で
味わい深く、一緒に使えます

材料（2人分）
1人分47kcal
せり ………… 2/3束（70g）
油揚げ ………… 1/2枚（15g）
〈ごま酢〉
すりごま（白）…… 大さじ1
酢 ……………… 大さじ1/2
砂糖 …………… 小さじ1/4
しょうゆ ………… 小さじ1

作り方
❶せりは熱湯でさっとゆでます。水にとって、水気をしぼり、3cm長さに切ります。
＊根も食べられます。たわしでよく洗い、きれいなところだけをゆでて使います。
❷油揚げも熱湯にさっと通します。縦半分にし、細切りにします。
❸ごま酢の材料を合わせ、せりと油揚げをあえます。

セロリ

セリ科野菜で、独特の香り成分である**テルペン**に抗酸化作用などがあります。香り成分は、鎮静効果や、血液をサラサラにする効果があるといわれています。

体のサビを防ぐカラフル野菜

セロリとえびのエスニックスープ
辛く酸っぱい味とセロリの香りがよく合います。セロリの葉も全部使えます
献立例●たまねぎと豚肉のケチャップマリネ(p.23)、ゴーヤチャーハン(p.63)

材料(2人分)　　　　1人分47kcal
- えび(無頭)……………… 4尾(80g)
- セロリ(丸ごと)…………… 1本(100g)
- たまねぎ…………………………… 30g
- 赤とうがらし…………………… 小1本
- レモンの輪切り………………… 2枚
- A [水…………………………… カップ2
-    スープの素…………… 小さじ½
- B [ナンプラー………………… 小さじ1
-    塩・こしょう………………… 各少々

作り方

❶ セロリの茎は筋をとり、4cm長さ、1.5cm幅の大きさに切りそろえます。枝先は葉と小枝に分け、食べやすく切ります。

❷ たまねぎは薄切りにします。赤とうがらしは半分に切り、種をとります。

❸ えびは、尾のひと節を残して殻をむきます。背わたをとります。

❹ 鍋に、A、セロリの茎と小枝、たまねぎを入れて火にかけます。

❺ 沸とう後2分ほど煮て、えびを加え、火が通ったら、赤とうがらし、セロリの葉、レモンの輪切り、Bを加えます。ひと煮立ちしたら火を止めます。

セロリとグレープフルーツのサラダ
かんきつ類の芳香成分テルペンには、発がんを抑制する働きが

材料（2人分）
1人分114kcal
セロリの茎…小1本（60g）
グレープフルーツ
　………　大1/2個（200g）
ベビーリーフ
　…………　小1袋（30g）
A ┌ プレーンヨーグルト
　│　…………　大さじ2
　│ 砂糖………　大さじ1/2
　│ りんご酢（または酢）
　│　…………　大さじ1
　│ サラダ油……　大さじ1
　└ 塩・こしょう…　各少々

作り方
❶セロリは筋をとり、端から2～3mm厚さの小口切りにします。熱湯でさっとゆで、水気をきります。
❷グレープフルーツは皮をむいて身をとり出します。ひと口大に切ります。
❸ベビーリーフと①②を盛りつけます。Aを合わせてかけます。

セロリのからしあえ
さっとゆでて使うので、くせがやわらぎます。残りものの活用にも

材料（2人分）
1人分33kcal
セロリ（丸ごと）
　…………　1本（100g）
A ┌ 塩………　小さじ1/8
　│ 砂糖………　小さじ2/3
　│ しょうゆ……　小さじ2/3
　└ こしょう………　少々
練りがらし……　小さじ2/3
ごま油…………　小さじ1

作り方
❶セロリは筋をとり、5cm長さ、7～8mm幅に切ります。枝先は、葉と小枝に分けます。
❷たっぷりの熱湯に、セロリの茎と小枝を入れて30秒ほどゆで、葉もさっとゆでて、水気をきります。
❸ボールに②を入れ、Aを加えて手でもみこみ、10分ほどおきます。
❹別のボールに、練りがらしを入れて水1～2滴でときます。セロリの水気をきって加え、あえます。ごま油も混ぜます。

にんじん

セリ科野菜の代表格。カロテンはにんじんの英語、carrotキャロットに由来します。多く含まれる**β-カロテン**は、抗酸化作用があり、がん予防や老化防止に役立ちます。β-カロテンは体内で**ビタミンA**に変わります。ビタミンAは皮膚や粘膜をじょうぶにして、風邪などへの抵抗力をつけるなど免疫力を高めます。また最近では、β-カロテンとともに多く含まれる、**α-カロテン**の強力ながん予防効果が注目されています。

体のサビを防ぐカラフル野菜

にんじんと とり肉の野菜ジュース煮
にんじんと市販の野菜ジュースの組み合わせ。体にいい野菜がたっぷり
献立例●れんこんと豆のサラダ(p.79)、パン

材料（2人分）　　1人分259kcal
とりむね肉……………………150g
A ┌ 塩・こしょう……………各少々
　└ 小麦粉………………大さじ½
にんじん………………………100g
たまねぎ…………………¼個(50g)
ブロッコリー……………………80g
ヤングコーン（生または水煮）……4本
バター……………………………10g
B ┌ 水……………………………150ml
　└ スープの素……………小さじ½
C ┌ 野菜ミックスジュース
　│　……………………1パック(200ml)
　├ 塩……………………小さじ⅛
　└ こしょう……………………少々

作り方
❶にんじんはひと口大に切ります。たまねぎは薄切りにします。
❷ブロッコリーは小房に分け、茎は皮をむいて薄切りにします。ヤングコーンは半分に切ります。
❸とり肉はひと口大に切り、Aをまぶします。
❹厚手の鍋にバターを弱火で溶かし、とり肉をいためます。焼き色がついたら、にんじんとたまねぎを加えていためます。油がなじんだら、Bを加えて強火にし、ふたをします。沸とう後、弱火で8分ほど煮ます。
❺にんじんがやわらかくなったら、②を加え、さらに2〜3分煮ます。
❻最後にCを加え、沸とうしたら火を止めます。

にんじんの ごまみそいため
**箸休めにもなる一品。
にんじんの自然な甘味が生きています**

材料（2人分）
1人分75kcal
にんじん … 80g（4cm長さ）
さやいんげん ………… 4本
サラダ油 ……… 大さじ½
A ┌ みそ ………… 小さじ1
  │ 練りごま …… 小さじ1
  └ 酒 …………… 大さじ1

作り方
❶ にんじんは、2mm厚さ、6〜7mm幅に切ります。いんげんはゆでて、にんじんと同じ長さに切り、太さを半分に切ります。
❷ Aは混ぜます。
❸ フライパンに油を熱し、にんじんを2分ほど、しんなりするまでいためます。弱火にし、いんげんとAを加えて混ぜ、火を止めます。

にんじんとりんごのサラダ
**ビタミンCたっぷりの美肌サラダ。
りんごには食物繊維のペクチンも多い**

材料（2人分）
1人分146kcal
にんじん
　…… 80g（6〜7cm長さ）
りんご ……… ½個（150g）
〈ドレッシング〉
酢 …………… 大さじ1½
サラダ油 …… 大さじ1½
塩・こしょう …… 各少々

作り方
❶ にんじんは皮むき器で皮をむく要領で、身を薄くむきます。むけなくなった部分は包丁で薄切りにします。
❷ ボールにドレッシングの材料を合わせて、にんじんを混ぜ、10分ほどおきます。
❸ りんごは半分に切ります。片方は、皮つきのまま細く切ります。残りは皮をむいてすりおろします。両方を②に混ぜて、盛りつけます。

なす

体のサビを防ぐカラフル野菜

　栄養が少ないと思われがちですが、青紫の色素成分の**アントシアニン**（ナスニン）に抗酸化作用があります。また、**アルカロイド**という成分のうち、なす特有のものには、がん細胞の増殖や腫瘍の成長を抑える力があります。

なすとヒレ肉のオーブン焼き
相性のよいトマトソースでなすがおいしい。ヨーグルトを加えてさっぱりと

献立例●キャベツのグリルアンチョビソース(p.11)、かぼちゃのミルク煮サラダ(p.59)、パン、コンソメスープ(p.89)

材料（2人分）　　1人分337kcal
- なす……3個（210g）
- 豚ヒレ肉（かたまり）……150g
- たまねぎ……30g
- にんにく……小1片（5g）
- サラダ油……大さじ3
- 塩・こしょう……各少々
- A
  - トマトピューレ……100mℓ
  - 水……50mℓ
  - スープの素……小さじ1
  - 塩・こしょう……各少々
- プレーンヨーグルト……大さじ3
- パセリのみじん切り……大さじ2

作り方
❶なすは1cm厚さの斜め切りにします。たまねぎ、にんにくはみじん切りにします。
❷ヒレ肉は5〜6mm厚さに切り、塩、こしょう各少々をふります。
❸フライパンに油大さじ1を熱し、なすの片面を焼き、裏返して油大さじ1をたして焼きます。塩、こしょう各少々をふってとり出します。
❹続いて油大さじ1を熱し、肉を焼いて、とり出します。
❺次に、たまねぎ、にんにくを弱火でいためます。しんなりしたらAを入れ、中火で1〜2分煮ます。
❻耐熱容器に、肉、⑤、なすを順に重ね入れ、ヨーグルトをかけます。オーブントースターまたは約220℃のオーブンで4〜5分焼きます。パセリをふります。

なすとえびのタイ風サラダ

なすを塩もみにしてたっぷり食べます。
ノンオイルドレッシングでヘルシー

材料（2人分）
1人分97kcal

- えび（無頭）… 6尾（180g）
- なす ………… 2個（160g）
-     塩 …………… 小さじ¼
- たまねぎ ………… 20g
- ミニトマト ………… 3個
- 香菜（シャンツァイ）………… 1枝
- A
  - にんにく 小1片（5g）
  - 砂糖 ………… 小さじ1
  - レモン汁 …… 小さじ2
  - ナンプラー … 小さじ2
  - 赤とうがらし（種をとる） 小½本

作り方

① なすは2～3mm厚さの輪切りにします。塩をふって約10分おきます。
② たまねぎは薄切りにし、にんにくはみじん切りにします。
③ ボールにAを合わせます。なすの水気をしぼり、たまねぎとともにAに入れて、10分おきます。
④ えびは殻と背わたをとります。熱湯で色よくゆでます。厚みを半分に切ります。
⑤ ③を盛りつけ、トマトを半分に切って、えびと盛り、香菜を飾ります。

なすのフライパン焼き カリカリじゃこのせ

抗アレルギーや免疫活性の
作用がある青じそもたっぷり

材料（2人分）
1人分129kcal

- なす ………… 3個（210g）
- サラダ油 ………… 大さじ1
- A
  - しょうゆ …… 大さじ1
  - 酢 …………… 大さじ1
  - みりん ……… 大さじ½
  - しょうが汁 … 大さじ½
- ちりめんじゃこ ………… 5g
- サラダ油 ………… 小さじ1
- しそのは ………… 5枚
- 糸かつお ………… 少々

作り方

① なすは縦半分に切ります。皮側に、斜め格子の切り目を入れます。
② しそはせん切りにします。Aは合わせます。
③ フライパンに油小さじ1を熱し、じゃこを中火でよくいためます。カリカリになったらとり出し、フライパンの汚れをふきます。
④ 油大さじ½をたして熱し、なすの皮側を中火で2～3分焼きます。裏返して油大さじ½をたし、ふたをして弱火で4分ほど焼きます。Aを回し入れ、火を止めます。
⑤ なすを盛りつけ、糸かつお、じゃこ、しそをのせます。

体のサビを防ぐカラフル野菜

トマト

トマトにはβ-カロテン、リコピンが豊富です。色素成分のリコピンにはβ-カロテンの約2倍という強い抗酸化作用があります。脂溶性なので、ドレッシングの油を一緒にとったり、さっといためることで吸収率がアップ。リコピンは熟したトマトのほうが多く、トマト加工品にも多く含まれます。

いわしと大豆のトマト煮

トマトのリコピンは加工品にも豊富。
青魚の脂肪酸EPAには血栓予防効果も

献立例●さつまいものサラダ(p.75)、ペペロンチーニ、セパレートヨーグルト(p.84)

材料（2人分） 1人分263kcal
いわし水煮缶詰*
……………… 1缶（約4尾分・150g）
大豆（水煮）……………………… 70g
トマト水煮缶詰 ………… 小1缶（200g）
黒オリーブ（種抜き）……………… 3粒
オリーブ油 ……………………… 大さじ½
たまねぎ ……………………… ¼個（50g）
にんにく ……………………… 小1片（5g）
赤とうがらし（種をとる）……… ½本
A ┌ スープの素 …………………… 小さじ½
  └ 酒 …………………………… 大さじ1
塩・こしょう …………………… 各少々
バジルの葉 ……………………… 少々

＊いわしのほか、さば、さけの水煮缶詰でも。

作り方

❶黒オリーブは2mm厚さに切り、たまねぎ、にんにくはみじん切りにします。
❷フライパンにオリーブ油とにんにくを入れて、弱めの中火にかけます。香りが出てきたら、たまねぎ、とうがらしを加えていためます。
❸②に、大豆、トマト（缶汁ごと）、Aを加えてざっと混ぜ、中火にします。煮立ったら黒オリーブを加え、塩、こしょうで味をととのえます。
❹いわしの缶汁をきって③に加え、温まったら火を止めます。バジルを散らします。

ミニトマトのしょうゆいため
トマトをいためると甘味が出て美味。
しその芳香成分には強力な殺菌作用も

材料（2人分）
1人分53kcal
ミニトマト ………… 1パック(200g)
しその葉 ………… 5枚
サラダ油 ………… 小さじ1
A ┌ しょうゆ …… 小さじ2
　├ 酢 ………… 小さじ2
　└ 塩・こしょう … 各少々

作り方
❶ トマトはへたをとります。しそはせん切りにし、水に放して水気をきります。
❷ Aを手近に用意します。フライパンに油を強火で熱し、トマトをさっといためます。Aを手早く加えて、火を止めます。
❸ 盛りつけて、しそをのせます。

トマトと焼きなすのピリ辛サラダ
トマトやなすの色素成分、
にんにくのにおい成分で免疫力アップ

材料（2人分）
1人分149kcal
トマト ……… 大1個(250g)
なす ………… 1個(70g)
にんにく …… 小1片(5g)
オリーブ油 …… 大さじ1
イタリアンパセリ …… 1枝
〈ドレッシング〉
たまねぎ ………… 30g
酢 ………… 大さじ1
オリーブ油 …… 大さじ1
塩 ………… 少々
タバスコ ………… 少々

作り方
❶ たまねぎをみじん切りにし、ドレッシングの材料を合わせます。
❷ なすは4～5mm厚さの輪切りまたは半月切りにして、塩少々（材料外）をふります。にんにくはみじん切りにします。
❸ フライパンになすを並べ、油大さじ1を回しかけます。中火で2分ほど焼き、薄く色づいたら裏返し、にんにくを散らしてのせます。ふたをして1分蒸し焼きにします。さまします。
❹ トマトはひと口大に切り、なすと一緒に盛りつけます。イタリアンパセリを飾り、ドレッシングをかけます。

かぼちゃ

体のサビを防ぐカラフル野菜

鮮やかな黄色はβ-カロテンをたくさん含むから。β-カロテンは抗酸化作用があり、がん予防や老化防止に役立ちます。また、β-カロテンは体内で**ビタミンA**に変わります。ビタミンAは皮膚や粘膜をじょうぶにして、風邪などへの抵抗力をつけ、体を健康に保ちます。かぼちゃは、がん予防の働きが注目されているα-カロテンも多く含みます。また**ビタミンCやE**も豊富で、いずれも抗酸化作用があります。

かぼちゃととり肉の ハーブガーリック焼き

かぼちゃはβ-カロテン、ビタミンE、食物繊維などが豊富な元気野菜

献立例●トマトとレタスのサラダ、パン、アボカドのスープ (p.65)

材料（2人分） 1人分386kcal

- かぼちゃ……………………… 200g
- オリーブ油・塩・こしょう …… 各少々
- とりもも肉…………………… 200g
- A ┌ 塩 ……………………… 小さじ⅙
  │ こしょう ………………… 少々
  └ 白ワイン ………………… 小さじ1
- にんにく……………………… 1片（10g）
- オリーブ油…………………… 大さじ1
- ハーブ（タイムまたはローズマリー）
  ………………………………… 1枝
- 塩 …………………………… 少々
- 〈ヨーグルトソース〉
- プレーンヨーグルト ………… 大さじ3
- 塩 …………………………… 小さじ⅛
- こしょう ……………………… 少々

作り方

❶ かぼちゃは、7〜8mm厚さのくし形に切ります。にんにくは薄切りにし、ハーブは葉を摘みます。

❷ とり肉は、ひと口大のそぎ切りにし、Aをまぶして5分ほどおきます。

❸ フライパンに油少々を熱し、かぼちゃの両面を焼きます。色づいたら水大さじ2（材料外）を加え、ふたをして弱火で約2分蒸し焼きにします。塩、こしょうをふり、とり出します。

❹ 油大さじ1をたして、にんにくを中火でいためます。薄く色づいたらとり出します。

❺ 次に肉を入れ、フライ返しで押さえながら両面を焼きます。④をもどし、ハーブを加えて塩をふります。

❻ かぼちゃと⑤を盛りつけます。ソースの材料を混ぜて、かけます。

かぼちゃのおひたし
果肉のシャッキリ感を生かした料理。皮むき器利用でかんたんに薄切りに

材料（2人分）
1人分72kcal
かぼちゃ……………150g
いりごま（白）……小さじ1
けずりかつお…………少々
ぽん酢しょうゆ…大さじ1

作り方
❶かぼちゃは2cm幅に切り、皮をところどころむきます。皮むき器（または包丁）で、断面を端から薄くそぎます。
❷熱湯でかぼちゃを20～30秒ゆで、かたさが残っているうちに、冷水にとります。水気をきります。
❸器に盛り、ぽん酢しょうゆをかけてごまをふり、けずりかつおをのせます。

かぼちゃのミルク煮サラダ
牛乳で煮るまろやか味。ナッツでビタミンEやミネラルがプラス

材料（2人分）
1人分152kcal
かぼちゃ……………200g
にんじん………………50g
牛乳………………大さじ4
バター……………………5g
塩………………小さじ1/8
こしょう………………少々
ナッツ*…………大さじ1
＊くるみやスライスアーモンド、ピーナッツなど。

作り方
❶かぼちゃは2cm角大に切り、にんじんは5mm角に切ります。
❷鍋に、にんじんとかぶるくらいの水を入れて火にかけます。ふたをし、6～7分ゆでて、にんじんがやわらかくなったら、かぼちゃ、バターを加え、水をかぼちゃの高さの半分くらいまでたして、弱めの中火で煮ます。
❸かぼちゃもやわらかくなったら、ふたをとり、強火にして水分をとばします。牛乳を加えて、木べらでつぶしながら1分ほど煮ます。火を止め、塩、こしょうをふります。
❹ナッツを鍋で軽くいって、のせます。

ピーマン

体のサビを防ぐカラフル野菜

独特の香りや、緑・赤色などのカラフルな色素成分に、免疫力を高める効果があります。**クロロフィル、カロテン、カプサンチン**などがそれ。**ビタミンCやE**も豊富で、いずれも抗酸化作用があります。ピーマンの汁は、白血球の活性化を強めることもわかっています。

ピーマンの肉詰め焼き
筒状に詰めると両面焼きができて、生焼けになりにくい

献立例●きのこのホットサラダ (p.33)、パン、ミルクポタージュ (p.89)

材料（2人分） 1人分299kcal

- ピーマン（形のよいもの）……… 3個（120g）
- サラダ油 ………………………… 大さじ½

〈肉あん〉
- 合びき肉 ………………………… 120g
- たまねぎ ………………………… ¼個（50g）
- バター …………………………… 10g
- A
  - パン粉 ………………………… 大さじ2
  - 牛乳 …………………………… 大さじ1
  - 卵 ……………………………… ½個
  - 塩 ……………………………… 小さじ¼
  - ナツメグ・こしょう ………… 各少々

〈ソース〉
- 練りがらし ……………………… 小さじ⅙
- トマトケチャップ ……………… 大さじ3
- ウスターソース ………………… 大さじ1

〈添え野菜〉ラディッシュ ……… 2個

作り方

❶ ピーマンは上下を落とし、横半分に切ります。種をきれいにとります。切りとった部分も、食べられるところはみじん切りにします。

❷ たまねぎはみじん切りにします。フライパンにバターを溶かし、中火で薄く色づくまでいためます。

❸ ボールに、肉、たまねぎ、ピーマンのみじん切り、Aを入れてよく混ぜます。これをピーマンに詰めます。

❹ フライパンに油を熱し、③を肉の面を下にして入れ、弱めの中火で焼きます。焼き色がついたら上下を返し、弱火にしてふたをします。5～6分蒸し焼きにし、火を止めてそのまま3分ほどむらします。

❺ ソースの材料を合わせて皿に敷き、④をのせ、野菜を添えます。

ピーマンとたけのこのカレーいため
相性のよい味。さめてもおいしいので お弁当にもおすすめです

材料（2人分）
1人分96kcal
ピーマン………3個（120g）
赤ピーマン
　…………小1個（40g）
ゆでたけのこ………50g
サラダ油…………大さじ1
A ┌ カレー粉……小さじ1
　│ スープの素 小さじ2/3
　│ 砂糖………小さじ1/4
　│ ウスターソース
　│ …………小さじ1/2
　└ 酒…………大さじ1 1/2

作り方
❶ピーマン2種は縦半分に切り、5mm幅の細切りにします。
❷たけのこは5mm幅の細切りにします。
❸フライパンに油を熱し、ピーマン、たけのこを強火でいためます。油がまわったら中火にし、Aを加えて混ぜ、味がなじんだら火を止めます。

ピーマンのみそピーきんぴら
甘からみそがごはんにぴったり。
ナッツには抗酸化力の強いビタミンEが豊富

材料（2人分）
1人分100kcal
ピーマン………5個（150g）
バターピーナッツ……10粒
サラダ油…………小さじ1
A ┌ みそ………大さじ1
　│ みりん……大さじ1
　│ 酒…………大さじ1/2
　└ 砂糖………小さじ1

作り方
❶ピーマンは縦半分に切り、横に1cm幅くらいに切ります。
❷ピーナッツはあらみじんに切ります。Aは合わせます。
❸フライパンに油を熱し、ピーマンを1分ほど強火でいためます。Aを加えてからめ、汁気がなくなったら、ピーナッツを加えて火を止めます。

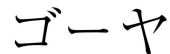

ゴーヤ

体のサビを防ぐカラフル野菜

ビタミンCが豊富。ゴーヤ(にがうり)のビタミンCは加熱してもこわれにくい特徴があります。にが味成分**モモルデシン**は、食欲を増進させたり、血糖値を下げたりする作用があります。

ゴーヤと豚肉のみそいため
甘からの濃いめの味が
ゴーヤのにが味とよく合います

献立例●めかぶのせ冷奴(p.37)、セロリとグレープフルーツのサラダ(p.51)、ごはん、和風スープ(p.88)

材料(2人分)　　　1人分254kcal
ゴーヤ	大½本(150g)
なす	½個(40g)
豚こま切れ肉	100g
A 塩	少々
酒	小さじ½
サラダ油	大さじ1½
B みそ	大さじ1½
砂糖	大さじ1
酒	大さじ1
しょうゆ	大さじ½
だし	大さじ1

作り方
❶ ゴーヤは縦半分に切り、種とわたをとって、端から4〜5mm厚さに切ります。なすは5mm厚さの輪切りまたは半月切りにします。
❷ 豚肉はAをふって下味をつけます。
❸ Bは合わせます。
❹ フライパンに油大さじ½を熱し、強火で肉をいためて、とり出します。
❺ 油大さじ1をたし、ゴーヤとなすを強火で1分ほどいためます。Bを加え、肉をもどし、中火にして全体を混ぜます。汁気がほぼなくなったら火を止めます。

ゴーヤとしらすの酢のもの

歯ざわりがよいおかず。白いわたを
しっかりとれば、にが味がマイルドに

材料（2人分）
1人分29kcal
ゴーヤ……大 1/2 本(150g)
　塩……………小さじ 1/3
しらす干し…………20g
しょうが……小1かけ(5g)
〈合わせ酢〉
酢………………大さじ1
砂糖……………小さじ1
塩………………少々
しょうゆ………少々

作り方
❶ゴーヤは縦半分に切り、種とわたを除いて端から薄切りにします。塩をふって5分おき、熱湯で約1分ゆでて水にとります。水気をしぼります。
❷しらす干しはざるに入れ、熱湯をかけます。
❸しょうがはせん切りにし、水にさらして水気をきります。
❹合わせ酢を作り、ゴーヤとしらす干しをあえます。盛りつけ、しょうがをのせます。

ゴーヤチャーハン

細かく切ってたっぷりと。
ゴーヤのビタミンCは加熱してもこわれにくい

材料（2人分）
1人分524kcal
温かいごはん
　………………350g
ゴーヤ……大 1/2 本(150g)
ねぎ……………10cm
焼き豚…………60g
卵………………1個
ごま油…………大さじ2
中華スープの素…小さじ1
塩………………小さじ 1/3
こしょう………少々
しょうゆ………小さじ1

作り方
❶ゴーヤは縦半分に切り、種とわたをとります。さらに縦に2〜3つに切り、端から3〜4mm厚さに切ります。
❷ねぎは小口切りに、焼き豚は7〜8mm角に切ります。卵はほぐします。
❸大きめのフライパンに油を熱します。とき卵、ゴーヤ、焼き豚を入れてざっと混ぜ、ごはんを加え、卵と一緒に混ぜほぐしながらいためます。
❹ほぐれたら、ねぎ、スープの素を加えて混ぜ、塩、こしょうで味をととのえます。しょうゆを鍋肌から回し入れて、ひと混ぜします。

アボカド

体のサビを防ぐカラフル野菜

　栄養価の高いくだものです。豊富に含む**ビタミンE**には、強力な抗酸化作用があり、美肌や老化防止に役立ちます。また、**食物繊維**もたっぷりなので、腸の健康におすすめです。

アボカドとえびのかき揚げ
思わぬおいしさ。
かためのアボカドのほうが作りやすい料理です
献立例●切りこんぶと豚肉のいため煮(p.82)、ごはん、れんこんのつくね椀(p.79)

材料（2人分）　　　　1人分509kcal
アボカド（かためのもの）
　……………………………… 1個（200g）
むきえび ………………………………… 80g
たまねぎ ………………………………… 30g
小麦粉 ………………………………… 大さじ1
揚げ油 …………………………………… 適量
〈天ぷら衣〉
小麦粉 …………………………………… 40g
とき卵 ………………………………… 大さじ1
水 …………………………………… 大さじ4
〈添え〉　塩……少々　レモン……1/6個

作り方
❶たまねぎは1cm角に切ります。アボカドは半分に切って種をとり、皮をむいて2cm角に切ります。えびは背わたをとり、1cm長さに切ります。
❷①をボールに合わせ、小麦粉大さじ1をふって、ざっと混ぜます。
❸別のボールに、天ぷら衣の材料を混ぜます。
❹揚げ油を中〜高温（170〜180℃）に熱します。天ぷら衣に②を入れてざっくりと混ぜ、1/6量くらいずつ、油に入れて揚げます。塩とレモンを添えます。

アボカドとほたての刺し身サラダ
くだものとはいえ、こんな食べ方が美味です

材料（2人分）
1人分264kcal
アボカド……… 1個(200g)
ほたて貝柱(生食用)
　……………… 4個(120g)
イクラ……………… 10g
みょうが…………… 1個
A ┌ レモン汁 …… 大さじ1/2
　├ 塩 ……………… 少々
　└ サラダ油 …… 大さじ1
練りわさび・しょうゆ
　………………… 各小さじ1/2

作り方
❶ アボカドは半分に切って種をとり、皮をむいて3〜4mm厚さに切ります。ほたては厚みを2〜3枚に切ります。
❷ Aを合わせて、アボカドとほたてにそれぞれかけて、まぶします。
❸ みょうがは縦半分に切ってから縦に薄切りにします。水にさらして水気をきります。
❹ ②③とイクラを盛り合わせます。わさびじょうゆをかけます。

アボカドのスープ
食欲のないときなど、のどごしのよい冷たいスープで免疫力をつけましょう

材料（2人分）
1人分217kcal
アボカド ……… 1個(200g)
たまねぎ ……… 1/4個(50g)
バター ……………… 10g
A ┌ 水 …………… カップ1
　└ 固形スープの素 1/2個
レモン汁 ………… 大さじ1
牛乳 ……………… 100ml
塩・こしょう …… 各少々
パセリのみじん切り
　…………………… 少々

作り方
❶ たまねぎは薄切りにします。
❷ 鍋にバターを弱火で溶かし、たまねぎをいためます。しんなりしたらAを加え、強火にします。沸とうしたらアクをとり、弱めの中火で5分ほど煮ます。よくさまします。
❸ アボカドは半分に切って種をとり、皮をむきます。
❹ ミキサーかクッキングカッターに、②③と、レモン汁を入れてかけ、なめらかにします。
❺ ④に牛乳を混ぜ、塩、こしょうで味をととのえます。冷蔵庫で冷やします。盛ってパセリをのせます。

腸をきれいにして免疫力を高める

いも類
じゃがいも
やまのいも
さといも
さつまいも

根菜類
ごぼう
れんこん

穀類
発芽玄米
雑穀

海藻
こんぶ
ひじき
わかめ

ヨーグルト
ケフィア

「腸は第二の脳」

　体の中でも**腸**には、免疫細胞の6割が集まっています。腸は体でいちばん大きな免疫器官です。

　口から異物や有害物が腸に入ってきて、その良し悪しを腸の免疫システムが区別します。全身の神経とともに働いて体を守るので、腸は**第二の脳**とも呼ばれるほどです。ですから、腸を健康にしておかないと、病気やアレルギーなどをまねいてしまいます。

「善玉菌で腸は健康に」

　腸を健康に若く保つには、腸内の善玉菌※を増やすこと。そのために、**食物繊維**と**乳酸菌**を摂りましょう。

　食物繊維は、便のかさや水分を増して有害物を排泄しやすくし、また、善玉菌のえさにもなります。食物繊維は、野菜でも特に根菜やいも類に多く、穀物や海藻にも豊富です。

　ヨーグルトなどの乳酸菌を摂ると、腸内が善玉菌が好む酸性になり、もともと腸内にいる善玉菌を増やします。

※腸の中には100種類、100兆個もの腸内細菌が棲んでいます。これには、おなかの調子を整え、感染や腐敗を抑える善玉菌と、腐敗物質を作る悪玉菌があります。善玉菌が多くて腸内細菌のバランスがよいと、抗体を作って免疫の働きがよくなったり、アレルギーを予防したりします。一方、悪玉菌が増えると、腐敗を起こして便秘や下痢になったり、発がん物質ができたりします。

じゃがいも

腸をきれいにする食品

　いも類には**食物繊維**が多く、腸をきれいにします。じゃがいもやさつまいもは**ビタミンC**を含みます。ビタミンCには活性酸素が細胞を酸化するのを防ぐ抗酸化作用や、白血球の働きを強める働き、抗がん作用などがあります。いものビタミンCはでんぷん粒に囲まれているため、加熱してもこわれにくい特徴があります。

じゃがいもと とり肉のスープ煮
しょうがと酢をきかせた中国風。
ビタミンCが溶け出した汁ごとどうぞ

献立例●きのことうなぎの卵とじ(p.31)、せりと油揚げのごま酢あえ(p.49)、ごはん

材料（2人分）　　　1人分338kcal

じゃがいも（メークイン）*	小4個（400g）
とりむね肉	150g
A｛塩	小さじ1/8
こしょう	少々
かたくり粉	大さじ1
サラダ油	大さじ1/2
B｛水	カップ2 1/2
中華スープの素	大さじ1/2
酒	大さじ1
塩	小さじ1/8
C｛しょうゆ	小さじ1
酢	小さじ1/2
しょうが	1かけ（10g）
万能ねぎ	1本

＊メークインは煮くずれしにくい。

作り方

❶じゃがいもは半分に切り、水にさらして水気をきります。

❷しょうがは半分はせん切りに、残りはすりおろしてしょうが汁をとります。万能ねぎは小口切りにします。

❸とり肉はひと口大に切り、Aをもみこみます。

❹厚手の鍋に油を熱し、とり肉を焼きます。焼き色がついたら、じゃがいもを加えてざっといため、Bを加えます。沸とうしたらアクをとり、落としぶたと鍋のふたをして、中火で約15分煮ます。

❺最後にCとしょうが汁を加えて味をととのえます。

❻盛りつけて、ねぎを散らし、せん切りしょうがを散らします。

シャキシャキじゃがいもの たらこソース
なるべく細く切ってさっとゆでます。
シャキシャキの食感が身上のおかず

材料（2人分）
1人分214kcal
じゃがいも …………… 小2個（200g）
焼きのり …………… 1/4枚
〈たらこソース〉
たらこ …………… 1/4腹（25g）
マヨネーズ …………… 大さじ3
酢 …………… 小さじ1

作り方
❶ じゃがいもはせん切りにし、水にさらして水気をきります。
❷ 沸とうした湯にじゃがいもを入れ、再び沸とうする寸前にざるにあけます。
❸ たらこの中身をスプーンでかきとり、マヨネーズ、酢を混ぜます。
❹ のりはちぎります。いもを盛りつけ、たらこソースをかけて、のりをのせます。

ピザ風ハッシュドポテト
じゃがいもを水にさらさないで焼くのが、
形よくまとめるコツです

材料（2人分）
1人分377kcal
じゃがいも …… 2個（300g）
塩 …………… 小さじ1/6
こしょう …………… 少々
ベーコン …………… 3枚（60g）
ピザ用チーズ …………… 50g
バター …………… 15g
パセリのみじん切り
…………… 大さじ1
＊直径15〜18cmの小さめのフライパンが焼きやすい。

作り方
❶ じゃがいもは2〜3mm太さの細切りにします。（水にさらさずに）ボールに入れ、塩、こしょうを混ぜます。
❷ ベーコンは5mm幅に切り、カリッとするまでいためます。
❸ フライパンにバターを弱火で溶かします。いもと、2/3量の②を入れて混ぜます。油がなじんだらフライ返しで押さえます。ふたをして弱火で3〜4分蒸し焼きにします。
❹ 焼き色がついたら、裏返します（中身を返して皿にとり、これをもどすとよい）。残りのベーコンとチーズをのせてふたをし、さらに2〜3分焼きます。パセリを散らします。

腸をきれいにする食品

やまのいも

食物繊維が豊富。でんぷん分解酵素の**アミラーゼ**（ジアスターゼとも）を多く含み、でんぷんの消化を促します。ぬめりのもと**ムチン**は、胃の粘膜を保護するなど、消化吸収を助けて体力の回復改善効果があります。抗酸化酵素の**カタラーゼ**も含みます。長いもは水分が多くてねばり気は少なめ、やまといも（いちょういも）は、ねばり気が強いのが特徴です。

長いもとチョリソーのいためもの
やまのいもは加熱しても美味です。これは、長いものさくさく感を残して

献立例●かぶとキウイのサラダ（p.21）、雑穀のリゾット（p.81）

材料（2人分） 　　　1人分324kcal
- 長いも……………………………250g
- 黄ピーマン……………大 1/2 個（80g）
- チョリソー*……………3〜4本（100g）
- サラダ油……………………………大さじ1
- 塩………………………………小さじ 1/8
- ウスターソース…………………小さじ1
- 粒こしょう（つぶす）…………………少々

*とうがらし、にんにくなどが効いたあらびきセミドライソーセージ。ふつうのウィンナーソーセージなら、こしょうを効かせます。

作り方

❶長いもはよく洗い、ひげ根の長いものだけをとります。皮つきのまま1cm厚さの輪切りにします（太ければ半月切りに）。
❷ピーマンはひと口大の乱切りに、チョリソーも同じくらいの大きさに斜めに切ります。
❸大きめのフライパンに油を熱し、長いもを並べて中火で焼きます。約2分ずつ両面を焼き、塩をふります。②を加えてさらに1分ほど焼きます。最後にウスターソースを回しかけ、こしょうをふります。

やまといもの かにあんかけ
煮るとほっこり感がおいしい。
長いもでも作れます

材料（2人分）
1人分134kcal
やまといも（いちょういも）
　……………………… 200g
A ┌ 水 ……………… カップ1½
　└ 酢 ……………… 大さじ½
かに（ゆでたものの身）
　……………………… 正味50g
B ┌ だし …………… カップ1½
　│ 砂糖 …………… 小さじ1
　│ 塩 ……………… 小さじ⅓
　└ みりん ………… 小さじ2
C ┌ かたくり粉
　│ ………………… 小さじ½
　└ 水 ……………… 小さじ1

作り方
❶やまといもは皮をむき、3cm角に切ります。Aに5分ほどつけます。
❷いもをさっと洗って鍋に入れます。Bを加えて火にかけ、煮立ったら落としぶたと鍋のふたをして、中火でやわらかくなるまで10分ほど煮ます。
❸Cは合わせます。
❹かにをほぐして加え、ひと煮立ちしたら火を止めて、煮汁にCを混ぜます。再び火をつけ、とろみをつけます。

長いものそば風小鉢
長いもをそばに見立てます。
オクラにはカロテンやビタミンC、食物繊維も

材料（2人分）
1人分113kcal
長いも* …………… 200g
オクラ ……………… 5本(35g)
なめこ ……………… ½袋(50g)
A ┌ だし …………… カップ¼
　│ しょうゆ ……… 大さじ2
　└ みりん ………… 大さじ2
糸かつお …………… 3g
*野菜のスライサーを利用して切ります。やまといもも使えます。

作り方
❶Aをひと煮立ちさせ、さましておきます。
❷熱湯でオクラを色よくゆでてとり出します。同じ湯に、ざるになめこを入れて、さっとつけ、とり出します。オクラは小口切りにします。
❸長いもは皮をむき、スライサーで細く切り、形をくずさないようにして器に盛りつけます。②をのせ、Aのつゆをはります。糸かつおをのせます。

さといも

　食物繊維が豊富です。ぬめりの成分は**ムチン**や**ガラクタン**。ムチンは、胃粘膜などを保護して、消化を助けてくれます。ガラクタンは脳細胞を活性化して老化を防ぎ、免疫力を高めます。ナトリウムの排泄を助ける**カリウム**も多く含まれています。

さといもといかのごまみそ煮
定番の煮ものにごまをたして、ひと味変わったおいしさに

献立例●納豆入りいなり袋(p.39)、ねぎの辛味サラダ(p.25)、ごはん、みそ汁

材料（2人分）　　1人分270kcal
- さといも……6個(360g)
- いか……1ぱい(250g)
- A
  - だし……カップ1½
  - みりん……大さじ2
  - 酒……大さじ1
  - 砂糖……小さじ2
  - しょうゆ……小さじ1
- みそ……大さじ1
- 練りごま(白)……小さじ2
- いりごま(白)……小さじ1

作り方

❶さといもは皮をむき、大きければ半分に切ります。
❷いかは内臓を除いて、胴は輪切り、足は2～3本ずつに、それぞれ食べやすい大きさに切ります。
❸鍋にAを煮立て、さといも、いかを入れます。落としぶたをし、鍋のふたをずらしてのせて、中火で約10分煮ます。
❹いもがやわらかくなったら、ふたをとり、みそと練りごまを煮汁に混ぜます。火を強め、煮汁をからめながら煮て、とろみが出てきたら火を止めます。
❺器に盛りつけ、ごまを指でひねって散らします。

腸をきれいにする食品

さといものチーズココット
さといもは和食ばかりでなく、洋風の味にも使えます

材料（2人分）
1人分269kcal
- さといも……4個（250g）
- A
  - 水……カップ1
  - 固形スープの素……1/2個
  - 塩……少々
- 生クリーム……50ml
- ピザ用チーズ……50g
- こしょう……少々

作り方
❶ さといもは皮をむき、2cm角くらいに切ります。
❷ 鍋にAを煮立ててさといもを入れ、弱火で約10分煮ます。
❸ 竹串を刺してやわらかければ、強火にし、煮汁が約大さじ3残るくらいに煮つめます。
❹ 火を止めて、生クリームと、半量のチーズ、こしょうを加えて混ぜます。ココット（耐熱容器）に入れ、上に残りのチーズを散らします。
❺ オーブントースターで約5分焼きます。

さといものサラダ
食物繊維が腸をきれいに。さっぱりドレッシングが合います

材料（2人分）
1人分198kcal
- さといも……5個（300g）
- 塩……小さじ1/6
- こしょう……少々
- ロースハム……1枚
- レタス……2枚
- 〈ドレッシング〉
- 酢……大さじ1
- 粒マスタード……小さじ1
- 砂糖……少々
- オリーブ油……大さじ1 1/2
- パセリのみじん切り……大さじ1

作り方
❶ さといもは皮をむき、1.5～2cm角に切ります。鍋に入れ、かぶるくらいの水を加えて、中火で10分ゆでます。
❷ やわらかくなったら、ざるにあけます。再び鍋にもどし、塩、こしょうをふって、木べらで軽くつぶしながら、中火で水分をよくとばします。
❸ ドレッシングの材料を合わせます。ハムは5mm角に切り、いもと一緒にドレッシングであえます。レタスと一緒に盛ります。

＊さといもを電子レンジ加熱する場合
①皿に切ったいもを並べ、水を大さじ1かけて、ラップをします。4～5分加熱します。
②水気をよくきってボールに入れ、熱いうちに、軽くつぶしながら、塩、こしょうを混ぜます。

さつまいも

食物繊維はじゃがいもの約2倍。善玉菌を増やします。豊富な**ビタミンC**は、でんぷん粒に囲まれているために加熱してもこわれにくい特徴があります。ビタミンCはコラーゲンを生成するときに必要なので、美肌づくりには欠かせません。

腸をきれいにする食品

さつまいも入り甘酢あん
肉を焼きつけて作る酢豚風。
おいものビタミンCは加熱してもこわれにくい

献立例●パリパリだいこんのキムチサラダ(p.19)、こまつなのじゃこいため(p.43)、ごはん

材料（2人分） 　　　1人分381kcal
- 豚もも肉（薄切り） …………… 120g
- A（酒・しょうゆ …… 各小さじ1）
- かたくり粉 …………… 大さじ½
- さつまいも …………… 150g
- たまねぎ …………… ¼個(50g)
- ピーマン …………… 2個(80g)
- 塩・こしょう …………… 各少々
- サラダ油 …………… 大さじ2
- B
  - 砂糖 …………… 大さじ⅔
  - かたくり粉 …………… 大さじ½
  - しょうゆ・酢 …… 各大さじ1½
  - 酒 …………… 大さじ1
  - 水 …………… 70mℓ

作り方
① 肉は4〜5cm長さに切り、Aをふります。
② さつまいもは皮つきのまま7〜8mm厚さの半月切りにします。水にさらしてから、皿に並べ、水大さじ1をかけてラップをし、電子レンジで約2分、少しかために加熱します。
③ たまねぎはくし形に切り、ピーマンはひと口大に切ります。
④ Bを合わせます。
⑤ 大きめのフライパンに油大さじ1を熱し、さつまいもの両面を焼きます。③を加えていため、塩、こしょうをふってとり出します。
⑥ 肉にかたくり粉をまぶします。フライパンに油大さじ1をたして肉を入れます。焼けたら⑤をもどし、Bを混ぜてから加えます。混ぜて、とろみがついたらできあがりです。

さつまいものジュース煮
オレンジジュースのさっぱりした甘さです。ほっとする箸休め

材料（2人分）
1人分187kcal
- さつまいも（細めのもの）………… 200g
- レーズン………… 大さじ1
- A
  - オレンジジュース………… 100ml
  - 水………… カップ1/2
  - 砂糖………… 大さじ1
  - バター………… 5g

作り方
❶ さつまいもは皮をしま目にむきます。1.5cm厚さの輪切りにし、水にさらして、水気をきります。
❷ 鍋にさつまいも、レーズン、Aを入れます。ふたをずらしてのせ、強火にかけます。沸とうしたら、弱火にし、水気がほとんどなくなるまで12～13分煮ます。

さつまいものサラダ
ゆでて手軽にサラダに。
ハーブの香り成分にも免疫効果があります

材料（2人分）
1人分236kcal
- さつまいも………… 100g
- 紫たまねぎ………… 1/4個（40g）
- レタス………… 2枚
- 〈ドレッシング〉
  - クリームチーズ（小分けのもの）………… 1個（20g）
  - オリーブ油………… 大さじ2
  - ワインビネガー（または酢）………… 大さじ1
  - 白ワイン………… 大さじ1/2
  - 塩・こしょう………… 各少々
- ハーブ………… 1枝
- 〈飾り用〉
  - ハーブ*………… 少々

*ハーブはイタリアンパセリ、タイム、バジルなど。

作り方
❶ さつまいもは皮つきのまま1.5cm角に切ります。水にさらして、水気をきります。
❷ 鍋にさつまいもを入れ、いもの頭が見えるくらいの水を加えて3～4分ゆでます。やわらかくなったら水気をきります。
❸ たまねぎは薄切りにし、レタスは食べやすくちぎります。
❹ ハーブ1枝をきざみます。クリームチーズを電子レンジに10秒ほどかけてやわらかくし、泡立て器でドレッシングの材料を順に混ぜます。
❺ 野菜といもを盛り合わせ、ドレッシングをかけます。

ごぼう

腸をきれいにする食品

　抗酸化力のある**ポリフェノール**（クロロゲン酸、タンニンなど）を含みます。それらが、やはりごぼうに含まれる酸化酵素と反応して、茶色のアクになります。水にさらすと変色を防げますが、ポリフェノールも減るのでアク抜きは手短に。ごぼうは**食物繊維**も豊富なので、便通を整えます。また**オリゴ糖**が多く、腸の善玉菌を増やして免疫力を高めます。

ごぼう天
いわしの脂肪酸、EPAは血液をサラサラにし、DHAは脳の活性化に効果が

献立例●こまつなと高野どうふのやわらか煮(p.43)、さつまいものジュース煮(p.75)、ごはん、みそ汁

材料（2人分）　　　　　　1人分256kcal
いわし*……………………2〜3尾(250g)
ごぼう……………………………………80g
しその葉…………………………………10枚
A ┌ とき卵……………………………大さじ1
　├ かたくり粉………………………大さじ1
　├ 酒………………………………大さじ½
　├ みそ……………………………小さじ1
　└ しょうが汁……………………小さじ½
揚げ油……………………………………適量
＊市販のいわしのすり身なら約130g。

作り方
❶いわしは頭と内臓を除き、手で腹を開いて中骨をはずします。包丁で腹骨をそぎとります。皮をむきます。身を細かく切り、包丁でさらにたたいて、ボールに入れます。
❷ごぼうは皮をこそげ、太ければ縦半分にして、斜め薄切りにします。
❸いわしにAを加えてよく混ぜ、ごぼうも混ぜます。10等分にして平たくし、しその葉ではさみます。
❹揚げ油を中〜高温（170〜180℃）に熱し、③を1〜2分揚げます。
＊ごぼうのアクはポリフェノールです。この料理では気にならないのでアク抜きなしで使えます。

ごぼうのスープ
ごぼうは洋風の味つけも合います。
残りごぼうの活用にも

材料（2人分）
1人分69kcal
ごぼう …………………… 60g
たまねぎ ………………… 30g
ベーコン ……… 1枚（20g）
A ┌ 水 ………… カップ2
　└ スープの素 … 小さじ1
塩・こしょう ……… 各少々
万能ねぎ ………………… 2本

作り方
❶ごぼうは皮をこそげ、2〜3mm厚さの小口切りにします。
❷たまねぎは薄切りに、ベーコンは5mm幅に切ります。
❸鍋にAと、①②を入れます。ふたをずらしてのせ、中火で7〜8分煮ます。
❹塩、こしょうで味をととのえます。万能ねぎを小口切りにして散らします。

たたきごぼうのきんぴら
生のごぼうをたたいてから切る作り方で、
やわらかく食べられます

材料（2人分）
1人分85kcal
ごぼう ……… ½本（100g）
A ┌ だし ………… 大さじ3
　│ 砂糖 ………… 小さじ1
　│ しょうゆ …… 小さじ2
　└ みりん ……… 小さじ1
ごま油 …………… 大さじ½
赤とうがらし（小口切り）
　………………………… ½本
いりごま（白）…… 小さじ1

作り方
❶ごぼうは皮をこそげ、20cmほどの長さに切ります。太い場合は太さを2〜4つ割りにします。すりこぎやめん棒などで、ごぼうを軽くたたき、少し割れ目を入れます。
❷たたいたごぼうを約5cm長さ、5mm太さに切り分けます。
❸Aは合わせます。
❹鍋にごま油を熱し、ごぼうを弱火で3分ほどよくいためます。Aを加えて、混ぜながらいりつけます。汁気がほとんどなくなったら、赤とうがらしを加えて火を止めます。
❺盛りつけてごまをふります。

腸をきれいにする食品

れんこん

　食物繊維やビタミンCが豊富。食物繊維は体の有害物質を排出します。ビタミンCは細胞をつなぐコラーゲンを作るほか、免疫をつかさどる白血球の働きを強化したり、発がん物質を抑えたり、抗酸化といった働きをします。切り口が変色するのは、にが味成分タンニンがあるため。タンニンにも抗酸化作用があります。

れんこんと豚肉のピリ辛いため煮
辛味をプラスした手軽なおかず。
こんにゃくの食物繊維もおなかによい
献立例●やまといものかにあんかけ(p.71)、切り干しだいこんの煮なます(p.19)、ごはん

材料（2人分）　　　1人分326kcal
れんこん……………………180g
豚ばら肉（薄切り）…………100g
A ┌ 砂糖………………………小さじ½
　└ 酒・しょうゆ……………各小さじ1
こんにゃく……………………½枚（100g）
万能ねぎ………………………2本
赤とうがらし…………………小1本
ごま油…………………………大さじ1
B ┌ だし………………………70ml
　│ しょうゆ…………………大さじ1½
　└ 砂糖………………………小さじ1

作り方
❶れんこんは皮をむき、4～5cm長さに切ります。縦に6～8つ割りにします。
❷こんにゃくはひと口大にちぎります。万能ねぎは3cm長さに切ります。赤とうがらしは種をとって小口切りにします。
❸豚肉は4～5cm長さに切り、Aを混ぜます。
❹鍋にごま油を熱し、中火で、れんこん、こんにゃくを1～2分いためます。肉をほぐしながら加えていため、肉の色が変わったら、Bを加えます。ふたをずらしてのせ、4～5分煮ます。
❺ふたをとって混ぜながら汁気をとばし、最後に、赤とうがらしを混ぜ、万能ねぎを散らします。

れんこんと豆のサラダ
豆と合わせて食物繊維たっぷり。
さっぱりヘルシーな副菜です

材料（2人分）
1人分121kcal
れんこん……………80g
ミックスビーンズ（水煮）
　…………1/2缶（50g）
たまねぎ……………30g
きゅうり……………1/2本
　塩………………小さじ1/8
〈ドレッシング〉
酢……………………大さじ1
サラダ油……………大さじ1
塩・こしょう………各少々

作り方
❶れんこんは皮をむき、2mm厚さのいちょう切りにします。湯カップ2に酢小さじ2を加え（材料外）、れんこんを1分ほどゆでます。
❷きゅうりは縦半分に切り、5mm厚さの小口切りにします。塩をまぶして5分ほどおき、水気をしぼります。たまねぎはみじん切りにします。
❸ドレッシングの材料を混ぜます。①②と豆をドレッシングであえます。

れんこんのつくね椀
カロテンやビタミンC、カルシウムが
抜群に多い菜の花と合わせて

材料（2人分）
1人分88kcal
〈つくね〉
れんこん……………80g
とりひき肉…………50g
ねぎのみじん切り…5cm分
しょうが汁…………小さじ1/2
かたくり粉…………小さじ1
塩……………………小さじ1/8
〈煮汁〉
だし…………………カップ1 1/2
A［塩………………小さじ1/8
　　酒………………小さじ1
　　うすくちしょうゆ
　　………………小さじ1/2］
しょうが……小1かけ（5g）
菜の花………………40g

作り方
❶菜の花は色よくゆで、水にとって水気をしぼり、3cm長さに切ります。しょうがはせん切りにし、水にさらします。
❷れんこんは皮をむき、すりおろします。ボールに入れ、ほかのつくねの材料を加えてよく混ぜます。2等分し、手で平らな丸形にまとめます。
❸だしを沸とうさせ、②を入れます。再び沸とうしてきたらアクをとり、ふたをして中火で3分ほど煮ます。Aで調味します。
❹椀につくねを盛りつけ、菜の花を添えて、汁をはります。しょうがをのせます。

雑穀・発芽玄米

腸をきれいにする食品

　白米では除いてしまう胚芽や米ぬか部分には、**ビタミンEやB₁**が多く含まれます。ビタミンEは強力な抗酸化作用をもち、老化を防ぎます。**セレン**というミネラルも含まれ、これは活性酸素を消す酵素の主成分になります。ビタミンB₁は不足すると疲れやすくなったり、脳神経の働きが鈍ったりします。食物繊維が多く、腸の働きを活発にします。

発芽玄米のだいこんめし

がん予防効果のあるだいこんをたっぷり使った炊きこみごはん

献立例●豆乳鍋(p.38)、せりと油揚げのごま酢あえ(p.49)

材料（4人分） 1人分299kcal

米	米用カップ1（180ml・150g）
発芽玄米	米用カップ1（180ml・140g）
こんぶ	5cm
水	400ml
だいこん	150g
だいこんの葉*	50g
油揚げ	1枚（25g）
A［しょうゆ	大さじ2
酒	大さじ1
塩］	小さじ1/6
桜えび（乾燥）	大さじ3

*だいこんの葉は茎から摘みます。

作り方

❶米は洗って水気をきります。米、発芽玄米、こんぶを一緒に、分量の水に30分以上つけます。こんぶがやわらかくなったら3cm長さの細切りにして、水にもどします。

❷だいこんは皮つきのまま2〜3mm厚さのいちょう切りにします。葉はさっとゆで、細かくきざみます。

❸油揚げは熱湯をかけます。縦半分に切って、細切りにします。桜えびは、鍋でからいりにします。

❹①にAを混ぜ、だいこん、油揚げをのせて、ふつうにごはんを炊きます。

❺炊きあがったら、葉を混ぜ、茶碗に盛りつけて、桜えびを散らします。

＊発芽玄米は商品によって、水分量が多少異なります。表示を見て加減してください。

雑穀のリゾット
残り野菜でも作れるヘルシーで
おしゃれな一品です

材料（2人分）
1人分162kcal

雑穀ミックス*	40g
コーン	30g
たまねぎ	30g
エリンギ	30g
グリーンアスパラガス	2本
ベーコン	1枚（20g）
A 水	300㎖
スープの素	小さじ½
塩・こしょう	各少々
オリーブ油	小さじ1
粉チーズ	大さじ½

作り方
❶ たまねぎは1㎝角に、エリンギは長さを半分にして薄切りに、アスパラガスは穂先を2㎝残して小口切りにします。ベーコンは2㎝幅に切ります。
❷ 鍋に油を熱し、ベーコン、たまねぎ、エリンギを軽くいためます。Aを加え、沸とうしたら雑穀ミックスを混ぜてふたをします。時々混ぜながら弱火で約10分煮ます。
❸ アスパラガスとコーンを加えてさらに2分煮て、塩、こしょうで味をととのえます。
❹ 盛ってチーズをふります。

雑穀の中華ごはん
中華おこわ風のおなじみの味。
炊飯器で作れます

材料（4人分）
1人分381kcal

米	米用カップ1½（270㎖・225g）
雑穀ミックス*	米用カップ½（90㎖・65g）
豚もも肉（かたまり）	150g
きくらげ	5個
にんじん	60g
ゆでたけのこ	80g
ごま油	大さじ1
塩	小さじ⅛
こしょう	少々
A 水	360㎖
スープの素	小さじ1
オイスターソース	大さじ1
しょうゆ	大さじ1
酒	大さじ1
砂糖	小さじ1
しょうが汁	小さじ1

作り方
❶ きくらげは水につけてもどします。石づきをとり、1㎝角に切ります。
❷ 米は洗って水気をきります。雑穀と合わせます。
❸ にんじん、たけのこは7～8㎜角に切ります。豚肉は1㎝角に切ります。
❹ 大きめの鍋かフライパンにごま油を熱し、肉をいためます。色が変わったら、にんじん、たけのこ、きくらげを加え、軽くいためます。塩、こしょうをふります。
❺ さらに、②を加え、1分ほどいためます。炊飯器に移し、Aを加えて混ぜます。ふつうに炊きます。

＊雑穀ミックスは、商品によって混ざっている穀類が異なります。できあがりのかたさ、色あいが多少異なります。

腸をきれいにする食品

海藻

　海藻のぬめりに含まれる**フコイダン**という多糖類には、がん細胞を抑制したり、免疫細胞を活性化したりする働きがあります。また、こんぶ、わかめ、ひじきなどに含まれる褐色色素**フコキサンチン**には抗酸化作用があります。食物繊維やミネラルもたくさん含まれます。

切りこんぶと豚肉のいため煮
食物繊維のほか、抗がん作用のある多糖類が豊富。
作りおきもききます

献立例●ほうれんそうのからしマヨネーズあえ(p.45)、
かぶの中華甘酢漬け(p.21)、発芽玄米のだいこんめし(p.80)、みそ汁

材料（2人分）　　　　　1人分231kcal
切りこんぶ*……………………150g
じゃがいも……………………1個(100g)
豚肩ロース肉(薄切り)……80g
しょうが…………………小1かけ(5g)
サラダ油……………………大さじ½
A ┌ 水……………………カップ½
　│ 砂糖…………………大さじ⅔
　│ しょうゆ……………大さじ1½
　│ みりん………………大さじ½
　└ 酒……………………大さじ½

＊切りこんぶは、塩蔵品をもどして売られているものです。

作り方
❶切りこんぶは水で洗い、食べやすい長さに切ります。
❷じゃがいもはひと口大に切り、水にさらして水気をきります。しょうがはせん切りにします。
❸豚肉は3～4cm長さに切ります。
❹鍋に油を熱し、肉としょうがをいためます。肉の色が変わったら、こんぶを加えて軽くいため、じゃがいも、Aを加えます。ふたをずらしてのせ、沸とうしたら中火にし、汁気がなくなるまで10分ほど煮ます。

ひじきと じゃこのあえもの
ひじきは電子レンジ加熱で。
サラダ感覚で食べられます

材料（2人分）
1人分55kcal
芽ひじき（乾燥）……… 5g
みつば ……………… 20g
たまねぎ …… 1/4個（50g）
ちりめんじゃこ ……… 8g
A ┌ 砂糖 ………… 小さじ 1/2
　├ 練りわさび
　│　　　　　…… 小さじ 1/3
　├ 酢 …………… 大さじ1
　├ しょうゆ …… 大さじ 1/2
　└ サラダ油 …… 大さじ 1/2

作り方
❶ボールに、Aを順に混ぜます。
❷器にひじきと水カップ1（材料外）を入れ、ラップをかけて電子レンジで約2分加熱します。
❸ひじきの水気をきって、Aに入れます。
❹たまねぎは薄切り、みつばは3cm長さに切ります。これらと、ちりめんじゃこをAに加えて混ぜます。

わかめと たこのピリ辛いため
わかめはミネラル、ビタミンB群、カロテンも豊富。
ごはんがすすむおかずです

材料（2人分）
1人分111kcal
わかめ（塩蔵）……… 100g
ゆでだこ …………… 80g
万能ねぎ …………… 4本
しょうが …… 小1かけ（5g）
ごま油 ………… 大さじ1
豆板醤 ………… 小さじ 1/2
酒・しょうゆ … 各大さじ1

作り方
❶わかめは洗って水でもどし、3cm長さに切ります。
❷万能ねぎは3cm長さに切ります。しょうがはせん切りにします。
❸たこは薄切りにします。
❹フライパンにごま油と豆板醤を入れ、弱めの中火で10秒ほどいためます。強火にして、わかめ、しょうがを入れて手早くいためます。
❺酒、しょうゆで調味し、最後に、たこ、万能ねぎを混ぜます。

ヨーグルト

ヨーグルトやケフィア*などの発酵乳に含まれる乳酸菌を摂ると、腸内の善玉菌が増えます。**乳酸菌**の一部は加熱すると死にますが、残った細胞壁などの成分が腸内の環境をよくするのに役立ちます。

腸をきれいにする食品

（ ポリフェノールや食物繊維を含むトッピングをのせて ）

フルーツの洋酒漬け
洋酒漬けは、好みのフルーツ100gに対して、白ワイン（またはコアントロー）とレモン汁を小さじ1ずつかけて、7〜8分おきます。

きな粉
甘味ははちみつやメープルシロップをお好みで。

粉末緑茶（または抹茶）
甘納豆でほんのり甘味をプラス。

ココア
ココアを茶こしでふると、ティラミス風の仕上がりに。マーマレードをのせます。

（ ビタミンCやポリフェノールがたっぷりのフルーツをヨーグルトドリンクやデザートに ）

ジュース割りヨーグルトドリンク
ヨーグルトとフルーツジュースを半々の割合で混ぜます。写真はオレンジジュースと。

バナナヨーグルトシェイク
【1人分／ヨーグルト100㎖　バナナ1本　はちみつ少々　氷　数かけ】
ミキサーにかけます。

セパレートヨーグルト
いちごに砂糖をふってつぶし、グラスに入れます。ヨーグルトをのせて2層にします。キウイフルーツもおいしい。

フローズンヨーグルト
【4人分／生クリーム100㎖　砂糖50g　ヨーグルト150㎖　ブルーベリージャム大さじ4】生クリームに砂糖を加えてとろりと泡立てます。ヨーグルトとジャムを混ぜ、約5時間冷凍します。

＊ケフィアは6種類の乳酸菌と酵母が入った発酵乳です。酸味が少なくてまろやかな味です。牛乳パックにケフィア菌をふり入れて、室温に約1日置くとできあがります。（「ベターホームの手作りケフィア」についてのお問い合わせはベターホーム協会へ）

（　　　　ヨーグルトを利用したさっぱりソースでカロリーもダウン　　　　）

ヨーグルトマヨネーズのサラダソース
【2人分／ヨーグルト大さじ4　マヨネーズ大さじ2　白すりごま小さじ1　塩小さじ1/8】
サラダのドレッシングやディップに。さっぱり味なので、いろいろなサラダに合います。

ヨーグルトクリームのグラタンソース
【2人分／ヨーグルト大さじ5　生クリーム大さじ3　スープの素小さじ1/2　粉チーズ大さじ2】
具にかけてオーブンやオーブントースターで焼きます。写真の具は、ゆでたブロッコリーとたまねぎ、ウィンナーソーセージ。

（　　　　毎日の食卓にもヨーグルトを利用できます　　　　）

ヨーグルトのぬか漬け風
【作りやすい分量／ヨーグルト100㎖　みそ大さじ3　ぬか漬け用野菜約150ｇ】
ポリ袋や密閉容器にヨーグルトとみそを入れて混ぜ、野菜を切ってから入れます。冷蔵で半日～1日漬けます。
漬け床は2回ほど使い回しがききます。

コク出しヨーグルト
みそ汁やカレーの仕上がりにヨーグルトを加えると、コクが出てまろやかな味になります。めやすは2人分にヨーグルトを大さじ1程度。加熱しすぎるとモロモロするので最後に加えます。

手軽に免疫力アップ
いつものおかずにプラスα
アルファ

免疫にいい食材をたして、いつものおかずをパワーアップしてみましょう。

定番いためものに、免疫力を高める食材をプラス

にらマーボー

大豆や香味野菜の成分に免疫力がある料理。さらに、にらも加えて。カロテンで抗酸化力がアップします。

えびチリonチンゲンサイ

えびやトマトの赤い色素や、香味野菜の香り成分に免疫効果が。加えて、チンゲンサイのカロテンで抗酸化力が高まり、食物繊維も増えます。

トッピングやつけ合わせに野菜をたっぷりたしましょう

カレーの野菜トッピング

カラフル野菜の油いためをトッピング。カロテンやビタミンC、ポリフェノールがプラスに。

ハンバーグwithたっぷり野菜

だいこんの辛味成分やきのこの多糖類は、抗がん作用が期待できます。おいしさもさらにアップ。きのこはいためてのせます。

和食の定番にも野菜や海藻をたして、ボリュームも免疫力も高めましょう

煮魚 前盛りたっぷり

魚のうま味が出た煮汁で、わかめや野菜をさっと煮ます。さやえんどうなど緑の豆野菜にはカロテンや食物繊維が含まれ、抗酸化力があります。

刺し身ののっけ盛り

たまねぎやかいわれだいこんの辛味成分もどっさり。刺し身だけで食べるよりも、ずっと免疫活性効果が高くなります。

毎回の食事ごとに、意識して野菜を摂りましょう

野菜に巣ごもる目玉焼き

キャベツやピーマンをさっといため、そこに卵を割り、ふたをして焼きます。毎日の朝食にこそ、野菜を摂るように心がけましょう。

具だくさんラーメン

免疫力を維持するには、毎回の食事が大切。お昼のラーメン1杯にも、野菜をたっぷり入れましょう。

手軽に免疫力アップ
野菜の汁もの

免疫にいい野菜を各種食べるには、汁ものの実にするのがてっとり早い方法です。

具だくさんでも少量でも、野菜を摂るにはスープがかんたん

トマトスープ

【1人分／トマト100g　たまねぎ・セロリなど野菜50g　A（にんにく小½片　オリーブ油小さじ½）　B（水150㎖　スープの素小さじ¼）　塩・こしょう各少々】野菜を小さく切ります。Aをさっといため、トマト以外の野菜を加えていためます。Bとトマトを加えて煮ます。塩、こしょうで味をととのえます。

エスニックスープ

【1人分／たまねぎ・セロリ・レタスなど野菜50g　A（水150㎖　スープの素小さじ¼　にんにく小½片）　B（ナンプラー小さじ½　塩・こしょう各少々）】野菜を薄く切り、Aで煮て、Bで味をととのえます。

和風スープ

【1人分／だいこん・ごぼう・ねぎなど野菜50g　だし300㎖　しょうゆ大さじ½】野菜を薄く切って、だしで煮ます。やわらかくなったら、しょうゆで味をととのえます。

中華スープ

【1人分／たけのこ・レタス・しいたけなど野菜50g　ごま油小さじ½　A（水150㎖　中華スープの素小さじ¼）　塩・こしょう各少々　しょうゆ小さじ1】野菜を薄く切って、ごま油で軽くいためます。Aを加えて煮、調味料で味をととのえます。

みそ汁にトッピングで免疫力アップ

毎日みそ汁を摂ることは、塩分さえ気をつければ、免疫アップにつながります。さらに吸い口がわりに、体にいい素材をたっぷりのせてもいいですね。

コンソメスープ
【1人分／キャベツ・にんじん・たまねぎなど野菜80g　A（水300㎖　固形スープの素½個）　塩・こしょう各少々】野菜を小さく切って、Aで煮ます。塩、こしょうで味をととのえます。

ミルクポタージュ
【1人分／かぼちゃ・じゃがいもなどつぶせる野菜100g　A（水100㎖　スープの素小さじ¼）　B（牛乳80㎖　バター5g　塩・こしょう各少々）】野菜は薄く切って、Aで煮ます。やわらかくなったらスプーンなどでつぶします。Bを加えてひと煮立ちさせます。

ねぎ

スプラウト

ごま

のり

ひきわりなっとう

おぼろこんぶ

手軽に免疫力アップ
たれ&ソース

たれやソースのストックがあると心強いものですが、体によければいうことなし。
ねぎやにんにく、ごまなどの免疫パワーを活用。

焼き肉のたれに、魚介のサラダに

辛味だれ

【約100ml分／ねぎ1/4本　にんにく1片　白いりごま大さじ1/2　一味とうがらし少々　砂糖大さじ2　しょうゆ大さじ4　酒大さじ1 1/2】ねぎ、にんにくをみじん切りにし、材料全部を混ぜます。＊密閉して冷蔵で約1か月保存可能

パスタにからめたり、パンやピザに塗ったり

パセリソース

【約100ml分／パセリ5枝（50g）　松の実（からいりする）25g　にんにく1片　塩小さじ1/4　こしょう少々　オリーブ油50ml】パセリは茎と葉に分けます。パセリの茎、松の実、にんにくをクッキングカッターにかけ、細かくなったらパセリの葉を加えてペースト状にします。塩、こしょう、油（2回に分ける）を加えて混ぜます。＊密閉して冷蔵で約2週間保存可能

ドレッシングや、だしで薄めてそうめんだれにも

ごまだれ

【約150ml分／練りごまカップ1/3　砂糖大さじ2　しょうゆ大さじ4　みりん大さじ1 1/2　白すりごま大さじ1】全部を混ぜます。＊密閉して冷蔵で約3週間保存可能

パンにのせたり、ディップ、オムレツなどのソースに

サルサソース

【約100ml分／完熟トマト1/2個（100g）　たまねぎ15g　にんにく1/4片　白ワイン小さじ1　塩・タバスコ各少々　パセリのみじん切り少々】トマトは種をとり、7〜8mm角に切ります。たまねぎとにんにくはすりおろし、全部を混ぜます。＊密閉して冷蔵で1〜2日保存可能

いためもの、下味、ドレッシングと自在

にんにくじょうゆ

【約250㎖分／にんにく丸ごと1個（約100ｇ）　しょうゆカップ1（200㎖）　砂糖大さじ1½　酒大さじ1½　みりん大さじ1】　にんにくの皮をむき、各1片を3～4つに切ります。鍋に材料全部を入れて火にかけ、沸とうしたらごく弱火で3分ほど煮ます。＊半日おけば使え、密閉して冷蔵で約6か月保存可能

肉のつけ焼きや、いためものに

バーベキューソース

【約150㎖分／たまねぎ30ｇ　トマトケチャップ大さじ3　しょうゆ大さじ2　赤ワイン・ウスターソース各大さじ1　砂糖小さじ2　塩・こしょう各少々】　たまねぎをすりおろし、材料全部を鍋に入れます。火にかけ、煮立ったらごく弱火にし、こげないように混ぜながら30～40秒煮ます。＊さめれば使え、密閉して冷蔵で約1か月保存可能

生野菜のディップに、甘味や辛味をたして田楽や回鍋肉に

みそだれ

【約150㎖分／みそ100ｇ　砂糖大さじ2　みりん大さじ1½　酒大さじ1　水大さじ2】　小鍋に材料を合わせ、混ぜながら中火にかけます。鍋肌まわりのたれがフツフツとしてきたら、弱火にします。1～2分混ぜながら煮て、火を止めます。＊密閉して冷蔵で約1か月保存可能

サラダや、肉のソースに

たまねぎドレッシング

【約150㎖分／たまねぎ½個（100ｇ）　A（酢大さじ3　砂糖小さじ1　塩小さじ½　こしょう少々　サラダ油大さじ5）レモンの薄切り3枚】　たまねぎはあらみじんに、レモンはいちょう切りにします。Aの材料を順によく混ぜて、たまねぎとレモンを混ぜます。＊密閉して冷蔵で約1週間保存可能

手軽に免疫力アップ
ドリンク

ティータイムはおいしくて体にいい飲みもので。
休息で仕事のストレスも解消され、免疫力が上がります。

豆乳のイソフラボンやビタミンE、ごまのセサミン、抹茶のカテキンで抗酸化

豆乳黒ごまココア

【1人分／豆乳150㎖　ココア大さじ1　黒ごまクリーム（市販・有糖）小さじ1　はちみつ小さじ1½】カップに豆乳以外の材料をよく練り混ぜ、温めた豆乳を加えてときのばします。

豆乳抹茶

【1人分／豆乳150㎖　抹茶小さじ1　はちみつ小さじ2】はちみつと抹茶を少量の豆乳で練ります。よく混ざったら、残りの豆乳を加えます。

アブラナ科野菜の免疫活性成分をジュースで摂る

自家製青汁

【1人分／こまつな1本　キャベツ½枚　キウイフルーツ½個　レモン汁小さじ1　氷100ｇ】野菜やフルーツを小さく切り、全部をミキサーに入れてかけます。

だいこん汁＋フルーツジュース

【1人分／だいこんおろしの汁大さじ1　りんごジュース50㎖　レモン汁小さじ2】混ぜるだけです。だいこんおろしを作ったときに。

しょうがやハーブの香り成分には発がん抑制や抗酸化の働きが

ジンジャーエールの素

【2〜3人分／しょうが50g　三温糖50g　水100mℓ　レモン汁小さじ2】　しょうがを皮つきのまま薄切りにし、三温糖、水と一緒に鍋で煮ます。沸とうしたら、弱火で5分煮ます。あら熱がとれたらレモン汁を加えます。水や炭酸で割って飲みます。

ミントシロップ

【2〜3人分／ミント10g　水カップ1/3　砂糖大さじ4】鍋に水と砂糖を入れて火にかけます。砂糖が溶けたらミントを加え、再び沸とうしたら火を止めます。そのまま10分ほどおきます。水や炭酸で割って飲みます。

ワインのポリフェノールも、酒粕（さけかす）の酵母も抗酸化力が強い

ホットサングリア

【1人分／赤ワイン50mℓ　オレンジ1/2個　砂糖小さじ1　あればシナモンスティック1本】　オレンジは薄い輪切りを1枚とり、残りは汁をしぼります。鍋にワイン、砂糖、輪切りを入れて火にかけます。ひと煮立ちしたら、しぼり汁を加えて火を止めます。シナモンスティックを添えて香りをつけても。

黒糖甘酒ミルク

【1人分／酒粕10g　牛乳100mℓ　黒砂糖小さじ1　しょうが汁小さじ1/2】　茶碗に酒粕と牛乳大さじ2を入れ、電子レンジで約30秒加熱してやわらかくします。練り混ぜて、砂糖と残りの牛乳を加え、再び約1分30秒加熱します。固まることがあるので、しょうが汁は飲む直前に入れます。酒粕は冷凍保存できます。

索 引

【肉類・卵】

●豚肉
- はくさいと豚肉の重ね蒸し煮 …… 12
- たまねぎと豚肉のケチャップマリネ …… 23
- 大豆と(合)ひき肉のドライカレー …… 34
- アスパラガスの肉巻きグリル …… 46
- なすとヒレ肉のオーブン焼き …… 54
- ピーマンの肉詰め焼き(合びき肉) …… 60
- ゴーヤと豚肉のみそいため …… 62
- さつまいも入り甘酢あん …… 74
- れんこんと豚肉のピリ辛いため煮 …… 78
- 雑穀の中華ごはん …… 81
- 切りこんぶと豚肉のいため煮 …… 82

●とり肉
- キャベツととり肉の煮こみ …… 10
- はくさいとささみの中華あえ …… 13
- とり手羽とねぎの南蛮漬け …… 24
- にらのフォー …… 28
- きのこととり肉のクリームパスタ …… 30
- きのこ鍋 …… 32
- 電子レンジいりどうふ(とりひき肉) …… 37
- にんじんととり肉の野菜ジュース煮 …… 52
- かぼちゃととり肉のハーブガーリック焼き …… 58
- じゃがいもととり肉のスープ煮 …… 68
- れんこんのつくね椀(とりひき肉) …… 79

●牛肉
- だいこんとカルビ肉のピリ辛煮 …… 18
- たまねぎとひき肉のはるさめいため …… 22
- にんにくたっぷりいため …… 26

●ハム・ソーセージ・ベーコンなど
- ブロッコリーの赤ワイン煮(ベーコン) …… 15
- ねぎの辛味サラダ(焼き豚) …… 25
- 生にらサラダ(ソフトサラミソーセージ) …… 29
- ほうれんそうオムレツ(ベーコン) …… 44
- ほうれんそうサラダ(ベーコン) …… 45
- ゴーヤチャーハン(焼き豚) …… 63
- ピザ風ハッシュドポテト(ベーコン) …… 69
- 長いもとチョリソーのいためもの …… 70
- さといものサラダ(ハム) …… 73
- ごぼうのスープ(ベーコン) …… 77

●卵
- カリフラワーとピータンの香味サラダ(ピータン) …… 17
- にんにくスープ …… 27
- きのことうなぎの卵とじ …… 31
- 電子レンジいりどうふ …… 37
- ほうれんそうオムレツ …… 44
- ゴーヤチャーハン …… 63

【魚介類】

●あ行
- カリフラワーとあさりのカレー味スープ …… 17
- せりといかの中華いため …… 48
- さといもといかのごまみそ煮 …… 72
- いわしと大豆のトマト煮 …… 56
- ごぼう天(いわし) …… 76
- きのことうなぎの卵とじ …… 31
- カリフラワーとえびのマヨネーズあえ …… 16
- 豆乳鍋(えび) …… 38
- セロリとえびのエスニックスープ …… 50
- なすとえびのタイ風サラダ …… 55
- アボカドとえびのかき揚げ …… 64

●か行
- ブロッコリーとかきのオイスターいため …… 14
- こまつなとかじきのXO醬いため …… 42
- やまといものかにあんかけ …… 71
- ほうれんそうのからしマヨネーズあえ(魚肉ソーセージ) …… 45

●さ行
- かぶとさけのクリーム煮 …… 20
- こまつなのじゃこいため …… 43
- なすのフライパン焼きカリカリじゃこのせ …… 55
- ひじきとじゃこのあえもの …… 83
- ゴーヤとしらすの酢のもの …… 63

●た・ほ
- わかめとたこのピリ辛いため …… 83
- シャキシャキじゃがいものたらこソース …… 69
- 干ししいたけとほたてのうま煮 …… 33
- アボカドとほたての刺し身サラダ …… 65

【大豆・大豆製品】
- キャベツのさっと煮(厚揚げ) …… 11
- にら納豆 …… 29
- 大豆とひき肉のドライカレー …… 34
- 大豆のおろしのせ …… 35
- 中国風ひたし豆(大豆) …… 35
- とうふの豆乳グラタン …… 36
- めかぶのせ冷奴(とうふ) …… 37
- 電子レンジいりどうふ …… 37
- 豆乳鍋(とうふ) …… 38
- 厚揚げの辛味ソース …… 39
- 納豆入りいなり袋(油揚げ) …… 39
- こまつなと高野どうふのやわらか煮 …… 43
- アスパラガスのかんたん白あえ(とうふ) …… 47
- せりと油揚げのごま酢あえ …… 49
- いわしと大豆のトマト煮 …… 56
- 発芽玄米のだいこんめし(油揚げ) …… 80
- みそだれ …… 91
- 豆乳黒ごまココア …… 92
- 豆乳抹茶 …… 92

【乳製品】
- ブロッコリーとチーズのおかかあえ …… 15
- かぶとさけのクリーム煮(牛乳) …… 20
- きのこととり肉のクリームパスタ(生クリーム) …… 30
- かぼちゃのミルク煮サラダ(牛乳) …… 59
- さといものチーズココット(生クリーム) …… 73
- 黒糖甘酒ミルク(牛乳) …… 93
- ヨーグルトトッピングいろいろ …… 84
- ジュース割りヨーグルトドリンク …… 84
- バナナヨーグルトシェイク …… 84
- セパレートヨーグルト …… 84
- フローズンヨーグルト …… 84
- ヨーグルトマヨネーズのサラダソース …… 85
- ヨーグルトクリームのグラタンソース …… 85
- ヨーグルトのぬか漬け風 …… 85
- コク出しヨーグルト …… 85

【穀類・海藻】
- 発芽玄米のだいこんめし …… 80
- 雑穀のリゾット …… 81
- 雑穀の中華ごはん …… 81
- めかぶのせ冷奴 …… 37
- 切りこんぶと豚肉のいため煮 …… 82
- ひじきとじゃこのあえもの …… 83
- わかめとたこのピリ辛いため …… 83

【その他】
- ブロッコリーの赤ワイン煮 …… 15
- ホットサングリア(赤ワイン) …… 93
- アスパラガスのかんたん白あえ(ごま) …… 47
- せりのナムル(ごま) …… 49
- せりと油揚げのごま酢あえ(ごま) …… 49
- にんじんのごまみそいため …… 53
- さといもといかのごまみそ煮 …… 72
- ごまだれ …… 90
- 豆乳黒ごまココア …… 92
- 黒糖甘酒ミルク(酒粕) …… 93

【野菜・くだもの】

●あ行
- アスパラガスの肉巻きグリル …… 46
- アスパラガスのサラダ …… 47
- アスパラガスのかんたん白あえ …… 47
- 雑穀のリゾット(アスパラガス) …… 81
- アボカドとえびのかき揚げ …… 64
- アボカドとほたての刺し身サラダ …… 65
- アボカドのスープ …… 65
- とうふの豆乳グラタン(オクラ) …… 36
- 長いものそば風小鉢(オクラ) …… 71

●か行
たまねぎとひき肉のはるさめいため
　（かいわれだいこん）……………22
かぶとさけのクリーム煮……………20
かぶとキウイのサラダ………………21
かぶの中華甘酢漬け…………………21
小たまねぎとかぶのカレーピクルス……23
かぼちゃととり肉のハーブガーリック焼き…58
かぼちゃのおひたし…………………59
かぼちゃのミルク煮サラダ…………59
カリフラワーとえびのマヨネーズあえ……16
カリフラワーとピータンの香味サラダ……17
カリフラワーとあさりのカレー味スープ……17
かぶとキウイ（フルーツ）のサラダ………21
ブロッコリーとかきのオイスターいため
　（きのこ・しいたけ）…………14
かぶとさけのクリーム煮
　（きのこ・マッシュルーム）………20
きのこととり肉のクリームパスタ（エリンギ他）…30
焼ききのこの梅風味あえ（しいたけ）…31
きのことうなぎの卵とじ（しめじ）…31
きのこ鍋（まいたけ他）……………32
きのこのホットサラダ（マッシュルーム他）…33
干ししいたけとほたてのうま煮（きのこ）…33
電子レンジいりどうふ（きのこ・しいたけ）…37
豆乳鍋（きのこ・えのきだけ）……38
ほうれんそうオムレツ（きのこ・エリンギ）…44
長いものそば風小鉢（きのこ・なめこ）…71
キャベツととり肉の煮こみ…………10
キャベツのさっと煮…………………11
キャベツのグリルアンチョビソース……11
はくさいとささみの中華あえ（きゅうり）…13
生にらサラダ（きゅうり）…………29
グリーンアスパラガス→アスパラガス
セロリとグレープフルーツのサラダ………51
ゴーヤと豚肉のみそいため…………62
ゴーヤとしらすの酢のもの…………63
ゴーヤチャーハン……………………63
ごぼう天………………………………76
ごぼうのスープ………………………77
たたきごぼうのきんぴら……………77
こまつなとかじきのXO醤いため……42
こまつなと高野どうふのやわらか煮……43
こまつなのじゃこいため……………43
自家製青汁（こまつな）……………92

●さ行
さつまいも入り甘酢あん……………74
さつまいものジュース煮……………75
さつまいものサラダ…………………75
さといもといかのごまみそ煮………72
さといものチーズココット…………73
さといものサラダ……………………73

なすのフライパン焼きカリカリじゃこのせ（しその葉）…55
ミニトマトのしょうゆいため（しその葉）…57
ごぼう天（しその葉）………………76
じゃがいもととり肉のスープ煮……68
シャキシャキじゃがいものたらこソース……69
ピザ風ハッシュドポテト（じゃがいも）……69
切りこんぶと豚肉のいため煮（じゃがいも）…82
豆乳鍋（しゅんぎく）………………38
ジンジャーエールの素（しょうが）……93
パリパリだいこんのキムチサラダ（スプラウト）…19
きのこ鍋（せり）……………………32
せりといかの中華いため……………48
せりのナムル…………………………49
せりと油揚げのごま酢あえ…………49
セロリとえびのエスニックスープ……50
セロリとグレープフルーツのサラダ……51
セロリのからしあえ…………………51

●た行
だいこんとカルビ肉のピリ辛煮……18
パリパリだいこんのキムチサラダ…19
切り干しだいこんの煮なます………19
大豆のおろしのせ（だいこん）……35
発芽玄米のだいこんめし……………80
だいこん汁＋フルーツジュース……92
ピーマンとたけのこのカレーいため……61
雑穀の中華ごはん（たけのこ）……81
たまねぎとひき肉のはるさめいため……22
たまねぎと豚肉のケチャップマリネ……23
小たまねぎとかぶのカレーピクルス……23
アスパラガスのサラダ（紫たまねぎ）……47
たまねぎドレッシング………………91
いわしと大豆のトマト煮……………56
ミニトマトのしょうゆいため………57
トマトと焼きなすのピリ辛サラダ……57
サルサソース（トマト）……………90
バーベキューソース（トマトケチャップ）……91

●な行
長いも→やまのいも
大豆とひき肉のドライカレー（なす）…34
なすとヒレ肉のオーブン焼き………54
なすとえびのタイ風サラダ…………55
なすのフライパン焼きカリカリじゃこのせ……55
トマトと焼きなすのピリ辛サラダ……57
ゴーヤと豚肉のみそいため（なす）……62
れんこんのつくね椀（菜の花）……79
にらのフォー…………………………28
にら納豆………………………………29
生にらサラダ…………………………29
にんじんととり肉の野菜ジュース煮……52
にんじんのごまみそいため…………53
にんじんとりんごのサラダ…………53

かぼちゃのミルク煮サラダ（にんじん）…59
にんにくたっぷりいため（にんにくの芽）…26
にんにくみその田楽…………………27
にんにくスープ………………………27
にんにくじょうゆ……………………91
とり手羽とねぎの南蛮漬け…………24
ねぎの辛味サラダ……………………25
ねぎのスープ煮………………………25
干ししいたけとほたてのうま煮（ねぎ）…33
納豆入りいなり袋（ねぎ）…………39
辛味だれ（ねぎ）……………………90

●は行
はくさいと豚肉の重ね蒸し煮………12
はくさいとささみの中華あえ………13
はくさいの即席水キムチ……………13
にんにくスープ（パセリ）…………27
なすとヒレ肉のオーブン焼き（パセリ）…54
ピザ風ハッシュドポテト（パセリ）…69
さといものサラダ（パセリ）………73
パセリソース…………………………90
キャベツととり肉の煮こみ（ハーブ）…10
かぼちゃととり肉のハーブガーリック焼き
　（ハーブ）………………………58
さつまいものサラダ（ハーブ）……75
ミントシロップ（ハーブ）…………93
大豆とひき肉のドライカレー（ピーマン）…34
ピーマンの肉詰め焼き………………60
ピーマンとたけのこのカレーいため……61
ピーマンのみそピーきんぴら………61
長いもとチョリソーのいためもの（黄ピーマン）…70
さつまいも入り甘酢あん（ピーマン）…74
ブロッコリーとかきのオイスターいため…14
ブロッコリーとチーズのおかかあえ……15
ブロッコリーの赤ワイン煮…………15
にんじんととり肉の野菜ジュース煮（ブロッコリー）…52
ほうれんそうオムレツ………………44
ほうれんそうのからしマヨネーズあえ……45
ほうれんそうサラダ…………………45

●ま・や・ら行
厚揚げの辛味ソース（みず菜）……39
きのことうなぎの卵とじ（みつば）…31
ひじきとじゃこのあえもの（みつば）…83
にらのフォー（もやし）……………28
長いもとチョリソーのいためもの（やまのいも）…70
やまといものかにあんかけ（やまのいも）…71
長いものそば風小鉢（やまのいも）…71
はくさいの即席水キムチ（りんご）…13
にんじんとりんごのサラダ…………53
れんこんと豚肉のピリ辛いため煮……78
れんこんと豆のサラダ………………79
れんこんのつくね椀…………………79

95

すぐに役立ち 一生使える
ベターホームのお料理教室

ベターホーム協会は1963年に創立。「心豊かな質の高い暮らし」を目指し、日本の家庭料理や暮らしの知恵を、生活者の視点から伝えています。活動の中心である「ベターホームのお料理教室」は、全国18か所で開催。毎日の食事作りに役立つ調理技術とともに、食品の栄養、健康に暮らすための知識、環境に配慮した知恵などをわかりやすく教えています。

見学はいつでも大歓迎

日程など、詳しくご案内いたしますので、全国の各事務局（下記）に気軽にお問い合わせください。

資料請求のご案内

お料理教室の開講は年2回、5月と11月です。パンフレットをお送りいたします。ホームページからも請求できます。

本部事務局　TEL 03-3407-0471
大阪事務局　TEL 06-6376-2601
名古屋事務局　TEL 052-973-1391
札幌事務局　TEL 011-222-3078
福岡事務局　TEL 092-714-2411
仙台教室　TEL 022-224-2228

免疫力を高める野菜おかず139

料理研究／ベターホーム協会（加藤美子・浜村ゆみ子・森田三紀）
免疫知識の監修／名古屋大学教授 大澤俊彦
撮影／中里一暁
デザイン／ドモン・マインズ

初版発行　2005年12月1日
11刷　　　2016年1月20日

編集・発行　ベターホーム協会

〒150-8363
東京都渋谷区渋谷1-15-12
〈編集・お料理教室の問い合わせ〉TEL 03-3407-0471
〈出版営業〉TEL 03-3407-4871
http://www.betterhome.jp

ISBN978-4-86586-019-1
落丁・乱丁はお取替えします。本書の無断転載を禁じます。
©The Better Home Association, 2005, Printed in Japan